菅原哲朗
弁護士

入澤 充
国士舘大学教授

養護教諭の職務と法的責任

判例から学ぶ法リスクマネジメント

道和書院

はじめに

私たちは、さまざまな機会に、さまざまな立場の方を対象にして、スポーツ事故の「法リスクマネジメント」の大切さを訴えてきました。法律は難しい言葉で書かれていて、どうしても親しみにくいところがあります。それを、だれにでも理解できるスポーツ・ルール並みにかみくだいて説明して、一人でも多くの方が法律のポイントを理解し、その知識をご自分のしごとに活かしていけるようにと願って、日々、活動しています。

事故発生のリスクには、「見えないリスク」と「見えているリスク」があります。交通事故を例に、考えてみましょう。

建物・樹木など、運転手の死角になっているところから、歩行者が突然飛び出してきて人身事故となるのが「見えないリスク」。

一方、高速道路で、前車とのあいだに十分な車間距離をとらず、時速一二〇キロで走行していて、「あぶない！」と急ブレーキを踏んでも間に合わずに衝突するのが「見えているリスク」です。

死角という「見えないリスク」とちがって、車間距離が不十分とかスピードの出し過ぎといった「見えているリスク」は、運転手が安全に配慮していさえすれば危険予知が可能で、未然に回避措置がとれ、事故防止ができたはずです。

法律は「人間が作った約束事」ですから、目に見えるものです。

法律をめぐる格言に、「法の無知はこれを許さず」というものがあります。

刑法第三八条三項に、次のような文言があります。

法律を知らなかったとしても、そのことによって、罪を犯す意思がなかったとすることはできない。ただし、情状により、その刑を軽減することができる。

無知、つまり知らなかったからといって、罪を犯す意思がなかったということにはならない、ということです。ということは、だれもが、法の処罰を受けるリスクを負って生活しているのです。

本書では、養護教諭を対象に、関連する法律の中で大切なポイントとなるところをお伝えし、実際に学校で起きた事故とその裁判の経過を紹介しながら、養護教諭にとっての「法リスクマネジメント」とは何か、を一緒に考えていきたいと思っています。

平成二一（二〇〇九）年四月一日、それまでの**学校保健法**が改正され、名称も新しく**学校保健安全法**となりました。それに伴って、そのための施行令・施行規則が新たに定められました。それは、養護教諭の日々のしごとに直接かかわってくるものです。改正された法律の何が重要なポイントなのか、言い換えれば、「見えているリスク」をしっかりと読みとることが大切です。

法律は、私たちの権利を守るものです。国家は、事前に国民に守るべきルールを知らしめ、「法律違反になる場合」、そして「合法的な行為は何か」を明示して、従うべき基準を定めているのです。

法律は日本語で書かれていますから、だれでも読めます。しかし、法律は難しい、条文の文字は読めても意味が頭に入らない、との声が多く聞かれます。その理由は、小説や散文と異なる論理的な文章で、前後の脈略で条文が立体的に構造化され、日常生活ではなじみのない専門用語が簡潔に連なっているからです。

憲法・法律・政令・省令の関係は、上下の階層構造です。法律は国家が、政令は内閣が、省令は各省の大臣が、制定かつ改正します。法律で規定しきれなかった細かい事柄を明らかにするために、政令・省令を定めますので、法律と政令・省令を併せて「法令」と呼びます。

法律は、憲法第四一条により、立法機関である国会で制定される成文法です。[*] 法律は「〇〇法」という名称で、国会で制定かつ改正されます。**学校保健安全法**の冒頭には、「昭和三三年法律第五六号・最終改正：平成二七年六月二四日法律第四六号」と書いてあります。

政令は、憲法第七三条六項により内閣が制定する命令です。[**] 政令は「〇〇施

*――憲法第四一条「国会は、国権の最高機関であつて、国の唯一の立法機関である。」憲法第五九条「法律案は、この憲法に特別の定のある場合を除いては、両議院で可決したとき法律となる。」

**――内閣は、その役割の一つとして、憲法第七三条六項「この憲法及び法律の規定を実施するために、政令を制定すること。但し、政令には特にその法律の委任がある場合を除いては、罰則を設けることができない。」に基づき、政令を定めます。

行令」という名称で、法律から委任を受けて、法律の実態面を補う細則を定めた規定です。**学校保健安全法施行令**（最終改正：平成二七年一二月一六日政令第四二一号）の最初に、「内閣は、学校保健法……の規定に基き、この政令を制定する」と書かれています。

省令は、内閣のもと、第一次的に事務を分掌する行政機関である省の命令で、各省の大臣が制定する命令です。省令は、「○○施行規則」という名称で、法律から委任を受けて、法律の手続き面を補う細則を定めた規定です。**学校保健安全法施行規則**（最終改正：平成二八年三月二二日号外文部科学省令第四号）の最初に「学校保健法……並びに学校保健法施行令……の規定に基き、及び同法の規定を実施するため、学校保健法施行規則を次のように定める」と書かれています。

ですから、学校保健安全法の全体像を把握するためには、学校保健安全法施行令、学校保健安全法施行規則の三つを併せて読むことが必要なのです。本書の巻末に資料としてこの三つを掲載してあります。

大切なことは、その名のとおり、それまでの「学校保健」だけでなく新たに「学校安全」が重要なキーワードとなったことです。そして、養護教諭に関しては、新たに次のように規定されました。

第九条（保健指導）養護教諭その他の職員は、相互に連携して、健康相談又は児童生徒等の健康状態の日常的な観察により、児童生徒等の心身の状況を把握し、健康上の問題があると認めるときは、遅滞なく、当該児童生徒等に対して必要な指導を行うとともに、必要に応じ、その保護者（略）に対して必要な助言を行うものとする。

学校における教育活動が、安全な環境において実施され、児童・生徒の安全の確保が図られるよう、養護教諭の責任は重い、しかしやりがいのある職務として位置づけられたのです。

さらに、学校保健安全法第一〇条には、次のように書かれています。

第一〇条（地域の医療機関等との連携）学校においては、救急処置、健康相談又は保健指導を行うに当たつては、必要に応じ、当該学校の所在する地域の医療機関その他の関係機関との連携を図るよう努めるものとする。

学校保健に関して、これまでは学校医や学校歯科医の役割とされてきた、子どもの健康相談や保健指導の実施に養護教諭が携わることが、法律上も明確となり、養護教諭が学校保健活動の中核として、その能力を発揮できる校内体制の確立が求められています。

本書は、改めてそのような職務を担うことになった養護教諭が、法律の基本的な知識を身につけ、日々のしごとを積極的に自信をもって遂行できるように、そして万一にも学校事故に遭遇したときにはしっかりと対応できるようにと願ってまとめました。子どもたちが心身ともに伸び伸びと成長できるような、安心・安全な環境づくりに、少しでも役立つことができれば幸いです。

菅原哲朗

養護教諭の職務と法的責任　目次

養護教諭の職務と法的責任——判例から学ぶ法リスクマネジメント

第1章

養護教諭と学校保健安全法

判例から学ぶ ①

菅原哲朗

1 新しい学校保健安全法のキーポイント

学校現場における養護教諭は、保健室で日常的に子どもと向き合い、あたかも医療従事者のように、各種の応急手当をこなしています。

本章では、実際に学校で起こった事故の中から、養護教諭の役割が問題となった裁判をとりあげ、日常の職務に活かせるように、そして万が一にも自分が裁判に巻き込まれる事態になったときに役立つように、教訓を引き出していきたいと思います。

まず、養護教諭にとって一つの大きなポイントは、**学校保健法**が改正され、新たに**学校保健安全法**という名称となって、平成二一（二〇〇九）年四月一日に施行されたことです。この改正法によって、教育現場である学校の児童・生徒と職員にとっては、「学校保健」と「学校安全」が重要なキーワードになるとともに、養護教諭の果たす役割と責任もいちだんと重くなりました。

とくに養護教諭にとって重要な条文は、**学校保健安全法**第九条（保健指導）です。

養護教諭その他の職員は、相互に連携して、健康相談又は児童生徒等の健康状態の日常的な観察により、児童生徒等の心身の状況を把握し、健康上の問題があると認めるときは、遅滞なく、当該児童生徒等に対して必要な指導を行うとともに、必要に応じ、その保護者（略）に対して必要な助言を行うものとする。

この第九条によって、「学校保健」および「学校安全」における養護教諭の地位・役割が明確に定められ、いっそうやりがいのある職務として位置づけられました。

いま、学校で大きな問題となり、社会現象ともなっていることとして、児童・生徒が被害者となる痛ましい事件が後を絶たず、陰湿な「いじめ」による児童・生徒の不登校や自殺、花粉症・アレルギー疾患の増加、心身の発達障害、SNSやテレビ・雑誌等のマスメディアによる、性の問題等さまざまな悪影響が挙げられるでしょう。学校におけるこうした多種多様なリスクを養護教諭の立場から見たとき、今や「学校保健」は新たな時代に入り、専門的医療知識や豊かな経験をもった養護教諭が中心となって、学校職員や学校医と緊密な連携をとった組織化、地域医療関係機関とのネットワーク化を形成すべき時代になった、と言えるでしょう。

では、学校において起こった実際の事故の判例を検討しながら、養護教諭の法的責任とリスクマネジメントを探っていきましょう。

2 昼休み　児童同士の衝突事故

参考判例*

平成一一（一九九九）年五月七日、昼休みに、中央区立小学校の校庭で遊んでいたA女子児童（七歳・小学二年生）が、一輪車に乗った別クラスのB男子児童（七歳・小学二年生）に誤って後ろから衝突され、原告A子が頸椎捻挫の傷害を負った学校事故である。

裁判の争点は、児童に対する安全配慮義務違反が小学校の校長にあったか否か、であった。原告A子は裁判で約八六三万円を請求し、判決は国家賠償法第一条一項に基づく小学校長の過失責任を認め、被告中央区に対し、日本スポーツ振興センターからの損害填補金を控除した約一〇三万円の損害賠償金の支払いを命じた。

*——東京地方裁判所平成一七年九月二八日判決（約一〇三万円の損害賠償認容）。判例タイムズ一二一四号二五一頁。

一輪車は、平成元（一九八九）年改訂の学習指導要領の体育科に取り入れられ、中央区の各小学校に導入されました。平成八年から一一年度の小学校年間指導計画によると、三年生において、一輪車の乗り方や降り方を覚え、補助輪付乗りや一人乗りができるようになること、四年生において、一輪車をタイミングよく操作することや自分の体を一輪車の動きに合わせて操作できることが目標とされていました。一輪車に乗り、原告A子に衝突したのは、身体的に未熟な七歳の男子児童でした。

判例では一輪車の教育的な価値を認め、「一輪車は、人の生命及び身体に対する高度な危険性を有する道具ではない」、しかし「一輪車は軽いものでも三・五キログラム、重いもので五キログラムある」ので、「初心者が高度な技術を行ったり、決められたルールを守らない乗車を行った場合には事故が生じる可能性があり」、さらには「児童らが、一輪車の乗車に神経を集中した場合、運動視野が極めて狭くなり」、したがって「自由に練習させることは避け、運転技術の違いによって練習場所を分ける」など、安全に配慮する義務があると述べています。

この小学校の全校児童数は約三五九人で、昼休みの休憩時間には、一年生も含めて、約一四八二平方メートルの広くない校庭に、バスケットボール、サッカー、一輪車、縄跳び、鬼ごっこ等をする約八〇名が一緒にいたのです。

また、養護教諭は一人配置で、この日は他学年の遠足に同行し、留守でした。事実経過について判決文を引用しますと、「本件事故によりその場に転倒した原告A子は、その後、立ち上がり、友人の付き添いを受けながら本件小学校の保健室に向かった。当時、保健担当の養護教諭は、第四学年の遠足に付き添っていたため不在であり、原告A子の上級生（本件小学校の六年生の児童）が原告のケガの手当を行った。」「C教諭は、本件事故の際、次の授業の準備のため教室にいたが、児童らから原告A子が校庭で転倒して泣いて保健室に行ったことを聞き、その後教室に戻ってくる原告A子に会った。」「C教諭はケガをした部位を原告A子に聞いたが、原告A子は自分でスカートを上げて手と膝を見せただけで、C教諭に頭部を打ったことを伝えなかった。」C教諭は養護教諭が不在だと気づいたので、「もう一度保健室に行き、傷の処置をすることを提案したが、原告A子は、大丈夫と言って断った。」「C教諭は傷から血が出ているわけでもないので、大丈夫と安心していた。」原告A子は五時間目の授業後下校しました。そして「原告A子はC教諭に、本件事故後下校までの間に、体調不良を訴えたことはなかった。」とのことです。

児童・生徒の事故や傷害が発生した時点で、日頃から整理されているはずの子どもたちの健康や家庭状況等に関する資料や、子どもの行動態様の観察記録、保護者との連絡体制、教職員の緊急対応体制、救急病院との連絡体制等に基づき、養護教諭には、事故の状況に応じた迅速な対応や適切な処置が求められます。もしこのとき養護教諭が保健室にいれば、C教諭と異なり、経験から学んだ専門的医療知識の視点から、一輪車に衝突されて転倒し、頭部を打ったことを原告A子から丁寧に聞き出し、十分な養護診断ができ、早めに病院に行かせたことでしょう。

中央区の各小学校では、昭和三三（一九五八）年頃から、小学校の実情に応じて、自主的な運用で児童の遊びを監視・監督する「看護当番制度」をとっていました。この小学校では、「毎週看護当番を決め、全職員が交替で、校庭一名、校舎内二名が安全指導に当たり、休み時間中、危険な遊びをしたり、子ども同士のトラブルがあったりすれば、その場で必要な注意、指導を行っていた」のです。

しかし、参考判例は「看護当番制度」について、「看護当番といえども、突発的に生じた事故には事後対応しか取れないことを考慮すると、看護当番制度による危険回避には限界があり、同制度を取っていることで本件小学校の校長の安全配慮義務が尽くされているということはできない」、そして「本件小学校の校庭において、各種の遊びを行っている児童らの混在を防止すること、及び校庭の遊びに関する取り決めが確立されていれば、高度の蓋然性をもって本件事故の発生を未然に防ぐことができたと言える」と判断し、過失責任を認めました。

3 休憩時間　ガラス破片による死亡事故

これは、緊急事態に直面した養護教諭の止血法が適切か否か、訴訟で争われた事件です。

参考判例*

平成一一（一九九九）年一月一四日午後一時頃、Y町立中学校の教室で給食終了後の休憩時間に、高所にあるフックの外れた窓カーテンを直そうとして、生徒用机上に椅子を乗せ、立ち上がって作業中の生徒A子を、男子生徒B男が驚かせようと悪ふざけで椅子を足蹴りしたためA子は転落し、窓ガラスの破片がA子の右大腿部に突き刺さり、切挫傷を約一五センチメートル負った事故。駆けつけた養護教諭Dが救急処置で止血し、一一九番通報をして病院に搬送されたが、A子は死亡した。

この学校事故につき、裁判所は加害生徒B男に対し、原告として提訴したX（亡A子の父母）へ二〇八八万九二八四円の賠償金を支払うよう命じたが、担任教諭Cによる教室内での補修の日直当番指導に過失はなく、また養護教諭Dの救急（直接圧迫止血法）処置にも過失はなく、中学校設置者のY（町及び県）の損害賠償責任は否定された。

*――富山地方裁判所平成一四年一一月二七日判決（一部認容・一部請求棄却）。判例時報一八一四号一二五頁。

止血法についての判示

外傷に対する止血法について、判決は次の通り整理しています。

外傷により大量の出血が起こると、生体で代償機構が働き、初期には症状が現れないが、時間の経過とともに、血圧降下、脈拍増加、顔面蒼白、冷や汗、末梢のチアノーゼ、呼吸不全、意識障害などの症状が現れる。また心拍出量の低下により、組織の灌流障害がおきる（出血性ショック）。外出血に対する救急処置としての止血法には①直接圧迫止血法、②血管基部の圧迫による止血法、③止血帯使用による止血法、があるが、外出血に対する救急処置としては、動脈、静脈性を問わず、まず、直接圧迫止血法を行い、両上下肢の動脈性出血について直接圧迫止血法でも奏功しない場合は、他の方法による止血法を行う。

（1）直接圧迫止血法は、出血局所に清潔なガーゼ等をあてて、手でしっかり押さえたり、包帯を少し強めに巻いて圧迫する方法である。直接、出血点を発見し圧迫できなくても、出血部周辺を広くガーゼ等で覆って、上から強く圧迫すると、周囲の組織圧が高まり一時的な止血効果を発揮できる。そのうちには血管内外及び周囲の変化によって、血液凝固機能が働き、そのまま止血できることが多い。

（2）血管基部の圧迫による止血法は、大腿動脈からの出血の場合であれば、拍動がよく触れている時には、手指先で動脈自身を圧迫し、動脈の部位がよく分からない時には鼠径部に手根部をおき、垂直に体重をかけて圧迫する方法である。これにより、末梢の一時止血が可能となる。

（3）止血帯使用による止血法は、傷口より心臓に近い、健康な皮膚を残した位置で強く締める方法である。幅広の長いゴムバンドがあれば、重ねて巻き、出血が止まったところで、固定する。ゴム管や三角巾のような布片を用いる場合は、止血しようとする部分を巡る輪を作り、この中に棒を通してねじり、出血が止まったところで固定する。血流遮断が長時間にわたると、末梢組織の阻血による神経障害、筋の萎縮、変性などを残すので、止血帯をかけた時刻を記しておく。必要とする時以外は、止血帯による止血法は極力短時間に限る。

裁判の争点と事実認定

被告として提訴を受けた加害生徒B男の父母は、息子がA子の死亡という重大な結果を引き起こしたものではなく、死亡の原因として、養護教諭Dの救急(直接圧迫止血法)処置の過失があったとして、次の主張を裁判で行いました。

「養護教諭Dは、A子の右大腿動脈切断の原因となったガラス片を抜かずに止血するのが適切であったにもかかわらず、A子の傷口に刺さったガラス片を抜き取ったため、右大腿動脈からの出血を助長し、A子の死亡の結果を来したものである。また養護教諭Dは、大量出血しているA子の応急処置をするにあたり、出血部位が大腿部で、出血量が極めて多く、適切に止血しなければ生命にかかわること、特に出血が大腿動脈からのものであったから、止血帯を使って止血する方法を行うべきところ、三角巾やガーゼを使って傷口を圧迫する直接圧迫止血法を行ったため、止血方法としては不十分であり、そのため、大量出血による失血死に至ったものである。このようにA子は、養護教諭Dの不適切な処置の結果、死亡したものであって、加害生徒B男の行為によって死亡したものではない。」

いわば、養護教諭Dには医師のように、医療過誤事件と同様の医療専門家としての高度の救急措置をすべき義務があるとの発想です。

しかし、この点について裁判所は、養護教諭Dが「A子の傷口に刺さったガラス片を抜き取った」事実を証拠では認定できない、かつ救急病院の医師が、損傷部内部にあった幾つかのガラス片を撤去している、としてこの主張を排斥しました。

「養護教諭Dは、普通教室棟から物音がするのを聞き、養護教諭を捜しに来室した生徒がいたことなどから、救急処置を必要とする事態が発生したものと思い、通常応急処置に使うガーゼ、脱脂綿、包帯、消毒薬が入った救急バッグを持って、本件教室のある普通教室棟に向かった。」

「同バッグの中には、止血帯は入っていなかった。養護教諭Dは、途中、廊下で別の生徒から本件教室に来るよう要請され、本件教室に向かった。養護教諭Dが本件教室に入った時、A子は、頭部を窓際に向けて仰向けになって倒れていて、その顔面は蒼白であり、出血量は床に溜まる程度に達していた。養護教諭Dは、直接圧迫止血法を行うため、前脚部の傷口を三角巾とガーゼで巻いていき、その際、傷口に刺さっているガラス片は、再度の大量の出血を避けるため、これを抜かなかった。その途中、他の教諭二名が来たので、止血のため、一名にA子の鼠径部を重心をかけて押さえるよう指示した。他の一名は救急車の手配のため、一旦教室を離れたが、その後教室に戻ってきた後は、気道確保、意識確認を行った。意識確認に対し、A子から返答があったが、意識が朦朧とした様子になることもあった。養護教諭Dは、さらに駆けつけた他の教諭に指示して、保健室から携帯酸素を取りに行かせ、A子に対して携帯酸素で酸素吸入を行った。」

裁判所のこの認定事実からは、緊急事態に対する、養護教諭Dの沈着冷静な応急手当が具体的に浮かび上がってきます。そこで裁判官は、養護教諭に過失はないとして、次の通り、養護教諭Dの過失を否定し、加害生徒B男に責任があると判決しました。

「養護教諭Dは、救急処置として、まず原則とされている直接圧迫止血法を試み、これと並行して、駆けつけた教諭の一人に大腿動脈の血管基部の圧迫による止血法を指示し、さらに一人に、救急車を要請するよう指示したこと、救急要請をした後五分以内には救急車が到着し、その間は、継続して止血処置を施すとともに、意識状態を確認し、酸素投与も行っていること、搬送直後、病院救急室では、A子に動脈血出血が認められていないこと、すなわち、一応の止血の効果が見られたことを併せ考えると、養護教諭Dの止血方法は、救急処置の一般的な原則に従ったもので不適切であったとはいえない。また、養護教諭Dが止血帯使用による止血法を行わなかったためにA子が死亡したとの主張については、被告母がその旨を供述するのみで、他にこれを客観的に裏付ける証拠はなく、養護教諭Dが本件教室に入った時点では、既にA子において床に溜まる程度の出血が見られていたことに照らすと、上記被告母の供述のみでは、被告B男の行為とA子の死亡との相当因果関係に影響を及ぼすものとはいえない。」

4　給食の食器破損による眼のケガ

養護教諭は担任教師の連絡を受け、ケガをした児童・生徒が保健室に来たとき、まずは傷害を受けた経過と事情を聴いて養護診断します。そして、救護措置として、どの程度可能な応急手当をすればよいのか、また、応急手当をしたあと、医師の診察を直ちに受けさせるべきか否か、判断します。もしくは児童・生徒の受傷を保護者に連絡し、保護者が学校に来るのを待って病院に搬送すべきか考えます。傷害の程度が的確にわからず、医師ではないので医療検査もできず、後遺症が残って裁判となることもあります。

今回の参考判例は、床に落として壊れた食器のガラスの破片で右眼に受傷した小学三年生の女子児童A子が、右眼角膜裂傷・右眼外傷性白内障の後遺症により、労働能力一四パーセント喪失の被害を受けた事件です。裁判所は、結果として「眼科医受診を遅らせた」と、担任教師Bおよび養護教諭Cに過失を認めながら、後遺症とは「因果関係なし」として、養護教諭Cの法的責任を認めませんでした。

参考判例*

平成一一（一九九九）年二月一九日の午後一二時五五分頃、国立附属小学校三年の女子児童A子（八歳）が給食を食べ終わり、食器を返却する給食用ワゴンに向かって歩行中、他の児童の肘が当たって、耐熱性強化ガラス製食器（コレール）を床に落とし、ガラス破片が飛散、右眼に受傷した。

A子は右眼がチクチクしたので、右眼を押さえて立っていた。担任教師Bは破裂音を聞いてA子の側に駆けつけ、眼を開けさせたが、傷や異物は視認できなかった。担任教師BはA子に、一人で保健室に行けるか確認し、ハンカチを濡らしてA子の右まぶたを冷やした。A子は右眼を押さえたまま一人で保健室に行ったが、養護教諭Cは不在だった。担任教師Bは午後一時三〇分頃にA子を再度、一人で保健室に行かせた。

保健室にちょうど戻ってきた養護教諭Cは、来室理由をA子に聞いたが経緯がわからないので一緒に教室に行き、担任教師Bと話し合って、A子に眼科医の診察を受けさせるべきとの結論に至った。しかし教師二人はA子を眼科にすぐには行かせなかっ

＊――奈良地方裁判所平成一五年一〇月八日判決。判例時報一八四〇号四九頁。

た。なぜなら、午後にＰＴＡの学習参加があり、Ａ子の母が来校の予定になっていたからである。そのため、Ａ子の自宅に緊急連絡をしなかった。

養護教諭ＣはＡ子の右眼を確認したが、特に異常が発見できず、「右眼がチクチク痛い」との訴えから、保健室でＡ子に水道水で目を洗うように言った。Ａ子が自分で右眼を洗ったあとは眼帯を着けさせ、応急手当とし、Ａ子の母親を待った。しかし、Ａ子の母親は幼稚園への弟の迎えのため遅れて来校し、養護教諭Ｃから、原因不明だが念のため眼科を受診させるよう聞いた程度で、Ａ子の母も重傷と思わず学級懇談会に参加し、結局Ａ子を病院に連れていったのは午後四時過ぎとなった。

裁判での争点――適切な救護措置をなすべき義務

後遺症により、先に述べたような障害が残ったＡ子が提訴し、裁判となりました。

判例では、耐熱性強化ガラス製食器（コレール）の製造加工販売会社に対しては、「ガラス製品のコレールが割れた場合の破片の形状・飛散状況の危険性についての取扱説明書の表示が不備で、通常有すべき安全性を欠き、製造物責任法第三条に基づく欠陥がある」と一〇三七万円の損害賠償責任を認めています。

問題は、養護教諭Ｃと担任教師Ｂの救護措置と法的責任の点です。担任教師Ｂは本件事故と右眼の異常は関係があると思いましたが、「本件食器の破片が微細かつ鋭利な形状をしており、広範囲にわたって無数に飛散することに思い至らなかった」ので、念のために眼科医の診察を受ければよい、と思い込んでいました。そのため、来校予定のＡ子の母親に事情を説明すればよいと考え、小学校から直接、眼科医の診察を受けに行かせようとの判断に至りませんでした。

養護教諭Cの法的義務について裁判所は「養護教諭として、身体器官としての眼の重要性等を認識していたはずであるから、同教諭らはできるだけ早期に原告に眼科医を受診させるなどして、原告の右眼に生じた異状の原因を明らかにし、必要に応じて適切な治療を受けさせる義務があった」と判断しました。

A子の母親は予定時刻に来校しませんでしたが、養護教諭Cと担任教師Bは漫然と母親が来校するのを待って、他の緊急連絡先への連絡をせず、また、小学校から直接、眼科医の診察を受けに行かせる措置を取りませんでした。そのうえ、A子を母親に引き渡したのち、学級懇談会への出席を中止させずに、結果としてA子の眼科医受診を遅らせたのです。裁判所は「以上によれば、養護教諭Cと担任教師Bは、本件事故後、原告に必要に応じて適切な治療を受けさせる義務があったのに、これを怠った過失がある」と判決しました。

しかし、裁判所は養護教諭Cと担任教師Bの過失を認めながら、他方、法的責任を認めませんでした。その理由について、「上記過失により、原告の損害が拡大したものとは認められず、同過失と原告の本件後遺症との間に因果関係があったと認められない」としています。つまり裁判所は、養護教諭Cと担任教師Bが、たとえA子に早期に眼科医を受診させたとしても「本件後遺障害である外傷性白内障の発症を防ぎ得なかったものと認められる」と、養護教諭Cと担任教師Bに不可能を強いるべきではないとの判断をしたのです。

もとより養護教諭は、学習と経験から看護師と同程度の医学知識を有しますが、医療専門家ではありません。この事例からわかる通り、大切なのは、仮に一一九番で救急車を呼ぶほどのケガではないと判断しても、眼など受傷部位によっては医師の診察を受けさせるよう、児童・生徒の保護者に強く要請し、努力を惜しんではならないということです。

5　いじめと養護教諭の役割

ここで取り上げる判例は、養護教諭が訴訟の被告となった事件ではありません。しかし、同級生から陰湿ないじめ行為を受けていた中学生A子さんが、担任教師の理解を得られず、唯一の安全かつ安心できる拠り所である保健室に逃げ込み、養護教諭を頼っていたことが判決文からうかがわれます。いじめと、養護教諭の役割について考えてみたいと思います。

学校保健安全法第七条（保健室）は、「学校には、健康診断、健康相談、保健指導、救急処置その他の保健に関する措置を行うため、保健室を設けるものとする」と定めています。旧「学校保健法」から改正され、名称も改められた「学校保健安全法」では、学校における教育活動が安全な環境において実施され、児童・生徒の安全の確保が図られるよう、養護教諭の責任はより重く、しかし保健室を職場とするやりがいのある職務として位置づけられました。

この判例で裁判官は、学校全体で「安全配慮義務」を共有し、危機管理（リスクマネジメント）においては初動を制することが重要であると述べ、いじめ防止のための積極的な対応を求めています。「マッチ一本火事のもと」と言いますが、小さな火種ならば、容易に消火できます。あとで詳述しますが、裁判所はこの判例で、「事件発生後の学校側の対応は、初動において、問題の重要性が認識されず、学校全体で連携して対処すべき貴重な契機を失わせた」、そして「初期の段階で、いじめの原因が奈辺にあるのかの解明の機会を失した点で、爾後の安全配慮義務違反に影響を与えるものというべきである」とし、いじめをエスカレートさせた学校側の責任を指摘しています。

参考判例*

中学在学時に同級生のいじめを受け、神経症・心因性難聴となった原告A子が卒業後に提訴した。裁判所は、市立中学校の設置者であり、教職員の雇用者である被告Y市に対して、担任教師・学校長など学校側が適切な対応をとるべき安全配慮義務に違反した不法行為を認め、国家賠償法第一条一項に基づいて、四五四万余円の請求のうち治療費・慰謝料の一部、一二四万余円の損害賠償を認容した。

*――横浜地方裁判所平成二一年六月五日判決。判例時報二〇六八号一二四頁。

平成一五(二〇〇三)年四月一日から同一八(二〇〇六)年三月三一日までY市立中学校に在籍し、卒業したA子は、一年次から同級生に鞄を刃物で切られるなどのいじめを受けていました。二年次、三年次でも止まらず、「死ね、うざい、きもい」などの言葉の暴力を受けたり、生徒手帳やファイルなど持ち物を隠されたりしました。地元警察署の捜査でも、鞄を切り、いじめをした同級生を特定できませんでした。

A子は下記の①ないし③事件の結果、適応障害で保健室で自習をする事態にまで至りましたが、担任教師・学校長など学校側が初期の段階で適切な対応をとらなかったため、神経症・心因性難聴になったと認定されました。

〈①事件〉平成一五年七月三日の放課後の部活中、何者かにより通学用布製鞄が刃物で

四二か所切られ、一七か所にいたずら書きされるという事件
〈②事件〉平成一六年一〇月一二日、原告の両親が原告の心身障害の件で校長と面談中、原告は体調不良で保健室に在室していたが、この間に、教室内に置かれた原告の通学用ビニール製鞄が刃物で切られるという事件
〈③事件〉平成一七年一〇月二八日、原告が保健室に在室中、体育の時間に原告のセーターの袖口が二か所切られるという事件

平成一六年九月二九日、原告は耳が聞こえにくいことを養護教諭に訴え、その後一〇月七日及び二一日、J大学医学部付属病院精神科を受診したところ、原因は適応障害で、視認性聴力障害と診断されました。原告A子は、平成一七年一月一七日から一九日までの三日間と、二月は断続的に七日間、学校を欠席し、登校しても保健室において自習する状態でした。

「いじめ」は存在した

学校保健安全法第一条は、「この法律は、学校における児童生徒等及び職員の健康の保健増進を図るため、学校における保健管理に関し必要な事項を定めるとともに、学校における教育活動が安全な環境において実施され、児童生徒等の安全の確保が図られるよう、学校における安全管理に関し必要な事項を定め、もつて学校教育の円滑な実施とその成果の確保に資することを目的とする」と定めており、「学校保健」だけでなく新たに「学校安全」が重要なキーワードになっています。

平成一七（二〇〇五）年当時の文部科学省の「いじめの定義」は、（イ）自分より弱いものに対し

て一方的に、(ロ) 身体的・心理的な攻撃を継続的に加え、(ハ) 相手が深刻な苦痛を感じているもの、でした。そこで被告の学校側は、本事件はこの三要件を欠くもので、少なくとも「継続的」な攻撃ではないし、原告A子の平素の生活態度からして、学校側がそのような事実を事前に認識することが困難であったし、事件の加害者の特定ができなかったので、いじめ行為に該当しないと主張しました。

しかし、この①ないし③事件に関して、裁判官は「事件の内容は、学校生活を送る上でのシンボルともいうべき鞄等及びA子の姉からプレゼントされた身近な着衣に対し、刃物で切り付けられるという誠に穏やかならぬ攻撃であり、単に器物の損壊に止まらず、その手法や結果の無残さから、原告の心胆を寒からしめるに十分な脅迫的効果をも意図したものであって、単なる悪戯や嫌がらせの域を超えた明らかな犯罪行為である。また、『死ね、うざい、きもい、辞めろ』等の言葉の暴力も、この年代の少女の傷つきやすい心に深く傷を残すものであって、これらが『いじめ』に当たることは明らかである」と明確に「いじめ」の存在を指摘しました。

さらに裁判官は、被告の学校側の「いじめ」に対する認識の甘さを次のように判断しました。「①ないし③事件が外部の者の犯行によると窺うべき事情は全くなく、学校内の何者かによってされたことは疑う余地のない事実であり、三つの事件がそれぞれ一年三か月ないし一年の間隔をおいてはいるものの、唯一原告のみを標的として繰り返されていることからすれば、継続性の要件を十分に満たすと考えられる。」さらに「いじめは、そもそも公然とされるものではなく、犯人の特定ができないことも多いことからすれば、行為者と被害者の強弱の比較ができないなどというのは詭弁に過ぎず、上記のような被害を受けていること自体が弱者であることを当然に推認させるものである。」

また、「いじめ行為に該当しない」という、裁判の中での学校側の主張についても「①ないし③事件の上記の様な内容及び性格からして、これをいじめではないとする被告の主張は採用できないと共に、主張のような認識自体、事の重大性に対する認識の甘さを指摘されてもやむを得ないものといわなければならない」と判決しました。

安全配慮義務違反があった

ただし裁判官は、①事件は学校側に予見可能性がないとして、不法行為にならないと判断しました。「確かに、①事件後の措置が不十分であり、学校全体としてのいじめ防止対策を遅らせ、発覚しなければ何をしても良いとの安易な考えを加害生徒に生じさせた点で、①事件後の不十分な措置が②事件の遠因であるということができる。しかしながら、具体的に②事件の発生を予見することまでは不可能であったといえるから、結果回避義務までを学校に認めることはできない。」他方、②事件は「学校の対策は、適切な指導監督措置を講じたとはいえず、安全配慮義務違反の責任が認められる。」③事件も「①②事件の発生後、これを防止するため適切な措置が採られなかったことが遠因となっている。その発生が具体的に予見できたとはいえないものの、安全配慮義務違反が認められる」と学校側の責任を認め、損害賠償を認容したのです。

現代社会における学校を取り巻くリスクはさまざまです。「学校保健」に関しては、養護教諭が現場サイドの中核となって、専門的な医療知識の視点から学校職員と緊密な連絡連携をとって、陰湿な「いじめ」の芽を摘む役割が求められています。

6　生徒同士のトラブルによる負傷事故

ここでは、中学校での生徒間の傷害事件を取り上げます。この事件では、被害者の生徒が、加害生徒から暴力やその他の手段でいわゆる「弱い者いじめ」を過去何度となく受けており、歯の脱臼に至る本件傷害事件で、「学校側が加害者へ適切な注意・指導もせずに『いじめ』を放置したのは、保護監督義務違反だ」と訴えました。

しかし裁判所は、中学生同士の「悪ふざけ」の中で手拳が相手の歯に当たった事故であり、未だ意図的に暴力を振るったり、集団でいじめたりするような深刻な「いじめ」の事態が発生する前の段階の「突発的・偶発的な傷害事件」であるため、校長や担任教師に予見可能性がなかったと判断しました。

また、被害生徒に対する養護補助教諭の応急手当に不適切な点はありませんでしたが、被害生徒が歯科医師の治療を受けたのは、殴打されてから約二時間後でした。そのため裁判所は、直ちに歯科医師の治療を受けさせなかった養護補助教諭には、事後措置としての義務違反はあると認定しました。しかし、被害生徒の原告Xの歯髄壊死を防止回復させることについては因果関係がなく、学校側の損害賠償責任はないと判決しました。

参考判例＊

原告Xと被告Yは一三歳で、市立中学校一年の同級の生徒だった。昭和五六(一九八一)年一月二一日の午前の第一校時終了の間際に、教室内で被告Yは、原告Xが自席に座っているところに近づき、ふざけて原告Xの背後からいきなり首を強くもみ、原告

＊——神戸地方裁判所昭和六〇年九月二六日判決。判例時報一一八二号一二三頁。

Xはやめてくれるよう懇願したが被告Yはやめずに、やむなく原告Xの振り払った手が被告Yの腹に当たったことに立腹し、被告Yは手拳で原告Xの顔面を強く殴打した。被告Yの暴行により、右側中切歯については歯髄壊死をともなう脱臼、左側中切歯については脱臼の各傷害を受けた。裁判所は、暴行した一三歳の中学一年の加害者被告Yに不法行為（民法第七〇九条）の責任能力ありと認定し、被害者原告Xに対し損害賠償金一一〇万円の支払いをせよ、と認めた。

養護補助教諭の応急手当に関する事実認定

養護補助教諭は、保健室に手当を受けにきた原告Xに対し、養護診断をしました。原告Xの口の中は脱臼により歯茎から出血し、充血していました。そこで原告Xに口をすすがせ、応急手当としてガーゼを入れて止血の処置をしたので、血は止まりました。そして原告Xの口の中を見ましたが、外見上は、口唇、歯、歯茎などには腫れ、切創などの異常はありませんでした。この時点では養護補助教諭の応急手当は適切で、法的に問題はありません。

養護補助教諭は、原告X及び被告Yより、事件の発生とその内容について簡単な説明を受け、原告Xの症状などを見て、原告Xの負傷の程度はたいしたことはないと判断しました。問題は、応急手当の後の養護補助教諭の事後措置にありました。

養護補助教諭は、原告Xが歯の痛みや異常を訴えることがなく、むしろ「大丈夫」と言ってみずから第二及び第三校時の授業を受けたので、しばらく様子を見ることとして、原告Xを直ちに歯科医師のところに直ちに連れていかなかったのです。

しかしその後、慎重を期した学校側の指示もあって、養護補助教諭は第三校時終了後に原告Xを連れて、歯科医師の診察治療を受けさせました。その結果、原告Xの右側中切歯は歯髄壊死をともなう脱臼、左側中切歯は軽度の脱臼をしていることが判明したのです。

養護補助教諭の事後措置に関する注意義務違反

判例には、「養護補助教諭が原告Xを診察した際、原告Xの左右両側の中切歯の各脱臼（右側中切歯の歯髄壊死の点は外観上確認できなかったとしても）が起り左右両側中切歯二本がぐらついて歯茎から多量の出血があり、口の中は血だらけになっていたのであるから、たとえ原告Xが大丈夫といって歯の異常、痛みを訴えずに授業を受けたり、口唇等に切創腫張など異常なところが見られなかったとしても、生徒の健康管理に責任を負う学校側としては慎重を期し応急の処置手当をした後は直ちに歯科医師の診療治療を受けさせるべき注意義務があるものというべきである。」としています。裁判所は、応急手当後に、専門家たる歯科医師の診断を早期に受けさせるべき、と判断しました。

また、裁判官は「養護補助教諭は多量に出血していた原告Xの歯及び歯茎の状態を十分に診察確認することもなく、単に止血の応急処置をしたのみで直ちに歯科医師の診察治療を受けさせずにその約二時間も後の第三校時終了後に歯科医師の診察治療を受けさせた。してみると、右応急処置自体は不適切なものとまではいえなかったとしても、養護補助教諭をはじめ学校側の右措置については、原告Xに直ちに歯科医師の診察治療を受けさせるべき前記義務に違反したものであったことは否定できない。」として、注意義務違反を認定しました。

判決──因果関係の検討と養護補助教諭の法的責任

しかし養護補助教諭に法的な責任を問うには、応急手当の直後に歯科医師の診察治療を受けさせていたら原告Xの傷害を防止できたのか、原因と結果を検討する必要があります。

まず、本件傷害事件は生徒間の暴行で生じたのです。裁判官は「原告Xの歯の傷害のうち、右側中切歯の脱臼と左側中切歯の脱臼は、原告Xの受傷の内容程度と被告Yの暴行の態様などからみて、被告Yの暴行によつてその際に起つていたことは明らかである。」と原因を明示しました。そして「右側中切歯の歯髄壊死(神経切断)もその症状の内容様態からみて右暴行による脱臼の際に歯神経の切断が起つていたことがうかがえる(養護補助教諭の応急手当の不適切のために、またはその後に歯神経の切断を生じさせたような特段の事情もうかがえない)し、また原告Xが歯科医師の診察治療を右のように約二時間早く受けておければ原告Xの歯髄壊死を未然に防止しえたり、あるいは一旦生じた歯髄壊死を回復治療しえたかについてはこれを肯認できる証拠はない(養護補助教諭には、原告Xに応急手当をした後は直ちに歯科医師の診察治療を受けさせる義務があるとしても、前記応急処置以上に歯科医師と同様の処置を行うことまでも期待できない)。」と経過の事実認定をしました。

それゆえ裁判所は、「原告Xが養護補助教諭の応急処置の後に直ちに歯科医師の診察治療を受けていたとしても、原告Xの右側中切歯の歯神経切断の歯髄壊死は既に発生しており、あるいはこれが防止回復しえなかつたのであるから、養護補助教諭をはじめ学校側には原告Xの傷害発生と拡大に寄与した責任事由は認められず、したがつて、原告Xは学校側に対しその責任を追及しえないものといわざるをえない。」と、養護補助教諭の法的責任はないと判決しました。

7　教職員によるエピペン注射と医師法

以前、養護教諭を対象とした講演会でお話ししていたとき、エピペンに関する質問を受けました。エピペンは、食物などのアレルギーによるアナフィラキシー（急激なショック症状）が起こったとき応急処置として使われる緊急補助治療薬で、患者が自分で注射をする自己注射薬です。一般の方ならば、ふつう、エピペンについて知りません。しかし、学校現場で救急処置をなす養護教諭は、アレルギー体質や疾患のある児童・生徒が増えている昨今、必ず直面する問題です。そこでこの項では、参考判例ではなく、エピペンに関する文部科学省と厚生労働省の通知・通達を題材にして、養護教諭の救急処置の法律問題について考えてみます。*

*――食物アレルギーおよびエピペンについては、九一頁以降、一七二頁以降も参照のこと。

AEDとエピペンの違い

ＡＥＤ（自動体外式除細動器）は、今ではほとんどの学校に設置され、多くの公共施設に普及しています。そのため、その使用・管理に関する法律問題について、質問される機会が増えました。ＡＥＤは医療機器ですが、胸に貼り付けた電極パッドからＡＥＤが心室細動を自動検知し、心電図を自動解析して電気ショックを与えるものです。医療従事者ではない養護教諭でも、たとえＡＥＤ講習を受けていないとしても、スイッチを押すだけの簡単な救命活動ですから医療行為ではなく、**医師法**第一七条「医師でなければ、医業をなしてはならない」の違反にはなりません。

一方、自己注射薬であるエピペンはどうでしょうか？

アレルギー疾患では、スズメバチに刺されるとか、そばなどの食物アレルギーのある子どもが食物を摂取するなどして、アナフィラキシーショックとなり、耳鳴、めまい、くしゃみ、咳、じんま疹、血管の拡張による急激な血圧低下、不整脈、血液循環不全に伴う意識障害、気道の平滑筋の急激な収縮・喉頭浮腫による気道閉塞が起こり、呼吸停止という死亡の危機が生じます。

自己注射薬であるエピペンは、注射器・針・薬液が一体になったアドレナリン注射キットで、患者自身が自己の大腿外側に強く押しつけることで針と注射液が自動的に出て筋肉注射されるというものです。エピペンは医師が処方し、アナフィラキシーショックが生じたときに自己注射するよう患者に持たせる、緊急用の注射薬です。投与のタイミングとして、アナフィラキシーショック症状が進行する前の、初期段階に注射するのが効果的です。AEDとは違ってエピペンは、簡易な器具ではあっても、やはり注射という医療行為なのです。

何か起こったときに、直ちに一一九番で救急車を呼び、救急救命士がエピペンで処置したり、病院に搬送して医師の手当を受ける時間的な余裕があれば良いのですが、学校において児童・生徒に重篤なアレルギー反応が発症し、急速にアナフィラキシーショックが進行し意識が混濁して、児童・生徒自身が自分でエピペンを打てない場合、養護教諭が代わりに注射しても良いのか、「医師でなければ、医業をなしてはならない」という医師法第一七条違反にならないのか、心配になるのは当然のことと言えるでしょう。

エピペンに関する通知と通達

これについては、文部科学省が厚生労働省に対し、照会通知という方法で問い合わせました。

「アナフィラキシーショックで生命が危険な状態にある児童生徒に対し、救命の現場に居合わせた教職員が、アドレナリン自己注射薬を自ら注射できない本人に代わって注射することは、反復継続する意図がないものと認められるため、医師法第一七条によって禁止されている医師の免許を有しないものによる医業に当たらず、医師法違反にならないと解してよろしいか」と照会したわけです。*

これに対し厚生労働省は、回答通知**で、「照会のありました標記の件については、貴見のとおりと思料します」と回答しました。通常、行政機関の用語では「通知」とは「一定の事実、処分又は意思を特定の相手に知らせること」と定義されます。この二つの通知は法律ではありませんので、国民に対して法的拘束力があるものではありません。教職員が救急処置をなす事態を予想して、法律違反とならないように、文部科学省と厚生労働省との間で医師法第一七条の法的解釈運用の統一をとった、という意味です。

次いで文部科学省は、平成二一年七月三〇日付通達***で、具体的かつ詳細な救急処置方法を指示・命令しました。「通達」とは、行政機関がその所掌事務について、事務の取り扱いなどに関し、機関または職員に対して、法令の解釈、職務執行上の細目、行政運営の方針など一定の行為を命ずる場合に発令するものです。法令の行政的運用のために、その実効性を補うための個別指針であって、「通達」には法的拘束力はありませんが、法規範と一体となって行政機関で運用されるので、事実上、法的拘束力が生じるのです。

この通達のキーポイントは、「**学校のアレルギー疾患に対する取り組みガイドライン******」の有効活用を求めるもので、このガイドラインを指針にして、アナフィラキシーショックに対し、学校の教職員は次の通り取り組むべき、とした点です。

*——平成二一年七月六日付文部科学省スポーツ・青少年局学校健康教育課長発厚生労働省医政局医事課長宛(二一ス学健第九号)「医師法第一七条の解釈について(照会)」

**——平成二一年七月七日付厚生労働省医政局医事課長発文部科学省スポーツ・青少年局学校健康教育課長宛(医政医発第〇七〇七第二号)「医師法第一七条の解釈について(回答)」

***——平成二一年七月三〇日付文部科学省スポーツ・青少年局学校健康教育課長発各国公私立大学事務局長・各国公私立高等専門学校事務局長・各都道府県私立学校主管課長・各都道府県教育委員会学校保健主管課長・各指定都市教育委員会学校保健主管課長宛(二一ス学健第三号)「『救急救命処置の範囲等について』の一部改正について(依頼)」

****——平成二〇年三月三一日、財団法人日本保健会発行、文部科学省スポーツ・青少年局学校教育課監修。

(1)投与のタイミングとしては、アナフィラキシーショック症状が進行する前の初期症状(呼吸困難などの呼吸器の症状が出現したとき)のうちに注射するのが効果的であるとされていること

(2)アナフィラキシーの進行は一般的に急速であり、症状によっては児童生徒が自己注射できない場合も考えられること

(3)アナフィラキシーショックで生命が危険な状態にある児童生徒に対し、救命の現場に居合わせた教職員が、アドレナリン自己注射薬を自ら注射できない本人に代わって注射することは、反復継続する意図がないものと認められるため、医師法違反にならないと考えられること

養護教諭の行う救急処置とは

①そもそも、養護教諭の行う救急処置は、傷害や病気の応急手当であって、患者を治療する医療行為ではなく、医師法第一七条に規定する「医業」ではありません。もちろん、養護教諭は学習と経験から、看護師と同程度の医学知識を有しますが、厚生労働省の国家資格である、看護師などの医療専門家ではありません。

②しかし、救急処置・応急手当の法的根拠は、**民法**第六九八条「緊急事務管理*」です。応急手当は、医師による速やかな対応を得ることが困難で、緊急でやむを得ない場合になされる処置であり、合法的に誰でもできる行為なのです。

③重要なポイントは、救急処置はあくまでも医師への引き継ぎが目的であるので、応急手当にとどめ、一一九番通報と病院への搬送をすみやかに行い、必ず医師の診察を受けさせる

*――民法第六九八条(緊急事務管理)「管理者は、本人の身体、名誉又は財産に対する急迫の危害を免れさせるために事務管理をしたときは、悪意又は重大な過失があるのでなければ、これによって生じた損害を賠償する責任を負わない。」

ことです。養護教諭としては、エピペンの処置をした後に医師の診察を受けさせるよう、児童・生徒の保護者に強く要請し、医療機関への連絡の労を惜しんではならないのです。

8 急性心臓死

被告となったB養護教諭の当時の経歴は、看護師の資格を有する高等学校養護教諭でした。生徒A（高校一年生）が授業中に、冷や汗をかいて顔色が悪く、気分が悪いと訴え、級友に連れられて保健室へ来ました。少量の嘔吐をしたのに対して、B養護教諭は二、三の質問をし、体温・脈拍の測定をしましたが、特に異常がないと思いました。

保健室のベッドで休ませることにした生徒Aの症状から、暑気あたりだろうと判断し、B養護教諭は校医に連絡せず、そばにいて、頭を冷やすタオルを取り替える程度の看護をしていました。一過性の暑気あたりがよくあることや、授業をずる休みする目的で、仮病を使って保健室に休みに来る生徒もいる、という事情があったのかもしれません。

しかし、高校生ならば一応、自分の身体状況に判断能力を有するとはいえ、なお未成年であり、生徒の健康に携わる者は、漫然と日常性の中に埋没して、本来の義務を忘れてはなりません。

その後、B養護教諭は保健室を空けて、職員室で三〇分ほど教職員の胃がん検査申込書の作成事務をし、保健室に戻ったところ、生徒Aの状態が急変しており、救命の甲斐なく死に至りました。生徒Aの相続人は、学校は安全で心配のないところだと、不法行為により提訴し、慰謝料を請求しましたが、裁判所は「B養護教諭の不作為による過失はあるが、相当因果関係なし」と判決しました。

参考判例*

生徒Aは高校一年生で、毎日約三〇キロ離れている自宅から、バスと国鉄（現JR）を利用して通学していた。昭和四二（一九六七）年九月六日、二時限の数学の時間に入った九時三〇分頃、突然、身体の状態が急変し、多量の汗を出し、顔面蒼白となって苦しみ始めた。これに気づいた隣席の級友が担任教師に告げ、生徒Aは担任教師の指示により保健委員の級友の肩をかりて校内保健室へ歩いていった。保健室にいたB養護教諭は、一応の病状判断として、生徒Aは朝早く家を出ており、夏休み明けの疲れでも出た、一過性のいわゆる暑気あたりだと判断した。B養護教諭は二時限と三時限の間の休憩時間に職員室へ行って、担任教師に対し「Aが気分が悪くなり吐いた。暑気あたりでしょう」といった程度の報告をしただけで、その後は校医に連絡するなどの措置はとらず、横にいて、頭を冷やすタオルを取り替える程度の看護をしていた。

B養護教諭は生徒Aのいる保健室を空けて職員室に赴き、事務を終えて戻ると、ベッドに寝ている生徒Aが、特に苦しんだ様子もないのに唇が紫色に変色していた。B養護教諭は驚き、心得上とっさに、これは秒を争う状態であると判断し、事務室へ走って、近くの校医Cに電話連絡するとともに、職員室に大声で危急を知らせた。これを聞いた体育担当教師ほか五、六名の教員は直ちに保健室へ走り、見ると、生徒Aの脈拍はすでになく、呼吸も止まっている状態だった。校医Cが駆けつけて診ると、

*——徳島地方裁判所昭和四七年三月一五日判決（請求棄却）。判例時報六七九号六三頁。

すでに脈拍停止、瞳孔散大、肛門拡大の死の確徴があり、死後一〇分は経過したと推定できる状態で、治療の甲斐もないことがわかった。しかし、B養護教諭らの懇請もあったので、校医Cは即刻強心剤の注射をするとともに、人工呼吸を施すことを指示したが、時すでに遅く、再び蘇生することはなかった。

安全配慮義務違反の認定

これについての裁判所の判断は、以下のようなものでした。

①B養護教諭の経歴は、当時看護婦の資格を有する高等学校養護教諭である。

②その職務の法律上の根拠は、一般に養護教諭は学校に専属し、「児童生徒の養護をつかさどる」教育職員であり、その執務内容の中には一般的な生徒の保健管理のほか、「生徒の救急看護に従事する」ことも当然含まれると解されている。

③しかして、本件におけるB養護教諭の所為をみるに、同女は、生徒Aが授業中、冷汗をかき、顔色を青くして、気分が悪いと訴えて、級友に連れられながら保健室へ来た上、少量の嘔吐をしたのに対し、二、三の質問と体温、脈拍の測定をしただけで、それに特段の異常が認められなかったことに安心し、かかる場合、一過性の暑気当り、食当りのものもあるが、危険な恒久性のものもあることを職業上の知識として承知しながら、簡単に前者の場合と判断して全く怪しむことなく、ただ備付けベッドに寝かせて、頭をタオルで冷す程度の措置にとどめ、安静にしておればやがて回復すると考えたことは、たとえ、当人がその後特段苦しみを訴えず、静かに寝入ったとしても、十分非難に値し、ことに

前記のような状態で入ってきた生徒Aを保健室に独り置いて外出し、目を離し、少くとも半時間も空室にしていたことは養護教諭としては日頃の油断、軽率のそしりを免れないものである。

④一過性の暑気当りがよくあることや、本件高等学校においては、よく授業をずる休みする目的で仮病を使って保健室へ休みにくる生徒があるというような事情は、本件事実関係の場合、何らB養護教諭の責任を免れしめるものではなく、弁解に過ぎない。およそ人の健康に携わる者は漫然日常性の中に埋没して、みずから義務を放てきすることは許されない。日日あらたな心構えを求めることはあながち無理とは考えられない。

⑤殊に、高等学校の生徒と言えば、一応は自分の身体状況について判断能力を有するとは言え、なお未成年であり、世の父兄としては、「学校は安全で心配のないところである」と考え、子弟を預けているのが実情である点に思いをいたすと、生徒の救急看護に当たることを職務とする養護教諭としては、単に、かすり傷に赤チンをつける、といった場合は格別、かかる場合は、やはり体温、脈搏の測定、簡単な問診はもとより、その後も細心の注意を払い急変に備え、少くとも半時間も病人の側を離れるようなことなく、必要とみれば、臨機の措置、すなわち、医師（校医）への連絡、担任教師、家庭への連絡等をする心構えでおり、無事気分回復を見届けるのが当然である。

⑥見方にもよるが、学校の養護教諭たる者は、その職務の特殊性の故に、（保健、救急上の研修も受けていることはB養護教諭も自認するところである）個々の生徒について、場合によっては、その保護者（両親）以上の予見能力をもってその病状推移について注意を払うべき義務が存すると解すべきである。

以上のとおりであるから、本事件の場合、B養護教諭が生徒Aの病状を漫然一過性の暑気当りと考え、場合によっては死に至る内因性症状であることもある点を知りながらこれに思いをいたさず、(ただし、その判断までも求めるのは無理)、半時間もそのそばを離れ、よってその病状急変に際し、臨機の措置をとらなかった点は、不法行為法上の過失と言わねばならない。

法的責任はない

ただし結論は、「不作為による過失はあるが、相当因果関係なし」というものでした。裁判は証拠によります。本事件の場合、生徒Aの死体解剖をしていません。家族から解剖拒否され、裏付ける証拠がないのです。

①しかし、B養護教諭の右過失行為(正確には不在のため臨機の措置をとらなかった不真正不作為の行為)と生徒A死亡との相当因果関係、すなわち、もし、B養護教諭が生徒Aのそばにおり、病状変化に気付き、直ちに医師を呼び、相応の手当を施したとすれば、その結果、果して生徒Aは一命をとりとめえたか、または、多少とも死に至る時間をながらえることができたか、否かの点については、本件の場合は、解剖所見が得られないことや、現在の医学知識水準に照らし(ただし、解剖を拒否した母原告の心情は誠に無理からぬものがあり、右拒否がために、因果関係の関門を狭くすることは、必ずしも当裁判所の本意ではないが)、これを肯認することが極めて困難であり、原告らの援用する証拠を精査しても、なおこれを裏付けるに足る証拠なし、と言わざるをえない。

②すなわち、生徒Aの死亡直後に臨場したC医師も、本件の場合急変後医師が直ぐに駆けつけても、助かったか、助からなかったかはわからない、と言っているのが実情で、特に、生徒Aの急変状態があったのか、あったとして、それがいつの段階で外部からみて覚知しえたものか、といった時間関係も不明であり、その他、恒久性症状といっても、具体的には色々な場合があるのでないか（いわゆるポックリ病の定義、位置づけ——原告らは本件はポックリ病ではない、という——）、死に至る蓋然性、確率、等々の点においてなお不明の要素も存し、当裁判所としては、いま前記医師の証言または鑑定証言を超えて、一般経験則に依存して右因果関係の存在を肯定することについてなおちゅうちょを覚える次第である。

本件は相当因果関係を否定せざるをえない。*

*——職業名や法律は、昭和四二年当時のもの。

9 養護教諭の安全配慮義務とは

学校保健安全法のキーポイントは、「安全」という客観的な法概念です。日本人は「安全」という言葉に、つい「安心」という気持ちを求めがちです。しかし、「安心」という主観的な言葉は各人各様で、たとえば旅行で飛行機に搭乗するとき、Aさんが安全と感じても、Bさんは危険と感じるように、誰もが共通に理解できるものではありません。

例えば、中学校の体育の授業では、必須で武道種目が教えられます。柔道を習ったことのない保護者は、柔道は危険で子どもがケガをする、と安心できないかもしれません。しかしサッカーやテニスでも、身体を動かすスポーツにはケガをする危険性（内在する危険）は常にあります。それを防ぐのが、安全のためのルールです。相手を攻撃するスポーツであっても、安全のためのルールが必ずあります。柔道というスポーツで最初に覚えることは受け身です。受け身が取れれば、投げられてもケガをしない、安全なスポーツなのです。

学校が客観的かつ具体的な注意義務を尽くして、生徒に対して「安全」のための指導・教育をなすなら法的責任は問われません。その法概念が「安全配慮義務」なのです。

安全配慮義務の判例と法律

まず、公務員に対する国の安全配慮義務が問われた自衛隊の事件*で、最高裁昭和五〇（一九七五）年二月二五日判決は「国は、公務員に対し、国が公務遂行のために設置すべき場所、施設もしくは器具等の設置管理又は公務員が国もしくは上司の指示のもとに遂行する公務の管理にあたつて、公務員の生命及び健康等を危険から保護するよう配慮すべき義務を負つているものと解すべきである。」と述べました。その法的な根拠として、「安全配慮義務は、ある法律関係に基づいて特別な社会的接触の関係に入った当事者間において、当該法律関係の付随義務として当事者の一方又は双方が相手方に対して信義則上負う義務として一般的に認められるべきもの」と判例法を形成し、認めました。

次に、会社など使用者が違反した場合、**労働契約法**には罰則がありませんが、同法第五条は「使用者は、労働契約に伴い、労働者がその生命、身体等の安全を確保しつつ労働することができるよう、必要な配慮をするものとする」と定めています。また、最高裁判例は、企業の安全配慮義務について「労働者が労務提供のため設置する場所、設備もしくは器具などを

*——陸上自衛隊八戸車両整備工場事件。

使用し、又は使用者の指示の下に労務を提供する過程において、労働者の生命及び身体等を危険から保護するよう配慮すべき義務」と定義しています。

労働災害が発生したとき、裁判所は使用者の法的責任を判断するにあたり、例えば、安全な設備の選択・安全装置の設置・監視人の配置・健康管理・安全衛生教育の徹底など、人間の面と事業所の施設環境面から安全配慮義務の有無を検討します。そして「予見可能性」つまり労働災害の発生を予見できたか否か、「回避可能性」つまり社会通念上相当とされる災害防止手段を尽くしていたか否か、を具体的事実の中から認定します。

もちろん学校の場合も同様です。学校と、児童・生徒の法定代理人親権者たる保護者との間には、在学契約があり、教師は児童・生徒の安全を確保して教育をするという委任*（民法第六四三条）関係にあるのです。したがって、誤って児童・生徒に傷害を与えれば、公立学校の教師は**国家賠償法**第一条一、二項**が適用され、私立学校なら**民法**第四一五条（債務不履行）と第七〇九条（不法行為）***の適用により、損害賠償責任を負います。学校事故の場合でも、過失責任を問われる前提として、「安全配慮義務違反」という注意義務違反がなければなりません。そして、注意義務違反となるには加害者に「予見可能性」と「回避可能性」が存在しながら、不注意によって被害者を加害したという事実が裁判で認定される構造なのです。

判例の考え方では、学校における「安全配慮義務」について「公立中学校における教員には、学校における教育活動及びこれに密接に関連する生活関係における生徒の安全の確保に配慮すべき義務があり、特に、生徒の生命、身体、精神、財産等に大きな危害が及ぶ恐れがあるようなときには、そのような危険の現実化を未然に防止するため、その事態に応じた適切な措置を講じるべき一般的な義務がある」と指摘しています****。

*――民法第六四三条（委任）「委任は、当事者の一方が法律行為をすることを相手方に委託し、相手方がこれを承諾することによって、その効力を生ずる。」

**――国家賠償法第一条「国又は公共団体の公権力の行使に当る公務員が、その職務を行うについて、故意又は過失によって違法に他人に損害を加えたときは、国又は公共団体が、これを賠償する責に任ずる。2　前項の場合において、公務員に故意又は重大な過失があったときは、国又は公共団体は、その公務員に対して求償権を有する。」

***――民法第四一五条（債務不履行による損害賠償）「債務者がその債務の本旨に従った履行をしないときは、債権者は、これによって生じた損害の賠償を請求することができる。債務者の責めに帰すべき事由によって履行をすることができなくなったときも、同様とする。」第七〇九条（不法行為による損害賠償）「自分の行為が他人に損害を及ぼすことを知っていながら、あえて（故意に）違法の行為をして、他人の権利や法律上保護される利益を侵し損害を与えた者は、その損害を賠償しなくてはならない。また、不注意（過失）による場合も同様である。」

****――東京高裁平成一四年一月三一日判決。

中学校におけるいじめの事件*で、判決は「もっとも、被害の発生を未然に防止するための『事態に応じた適切な措置』とは一義的でなく、学校教育における多様な目的に照らし、教育現場における高度の裁量に委ねられる部分も多く」「適切な措置が何かについては、複雑困難な問題があることも考慮されなければならない」と述べています。

学校における児童・生徒の事故や傷害が発生した時点で、養護教諭には日頃から整理している児童・生徒の健康や家庭状況などに関する資料や行動様態の観察記録、保護者との連絡態勢、教職員の緊急対応態勢、救急病院との連絡態勢などに基づき、事故の状況に応じた迅速な対応や、安全確保の適切な措置が求められているのです。

本章では、養護教諭がかかわる学校事故のさまざまな判例を通じて、法における危機管理手法(法リスクマネジメント)を学んできました。

スポーツは傷害の危険を伴うため、ルールを定め、スポーツ事故の発生を防止しています。スポーツを楽しめる「安全なスポーツ環境」構築のためには、スポーツ指導者が安全指導と安全管理を徹底し、ヒューマン・ハード・ソフトの安全配慮義務を尽くさなければなりません。

養護教諭の場合も同様です。民事・刑事の基礎的な法律知識を学び、不幸にして学校事故訴訟に遭遇したときには、法的責任の有無に適切に対処できるようにしましょう。

具体的な紛争事例を考察する場合、証人の発言や専門家による意見を総合し、原告の主張する損害賠償請求とそれに対する被告の抗弁(特異体質による「不可抗力の抗弁」など)が議論され、最終的に裁判官の判断が下される経緯を読み取る必要があります。裁判所が事件の事実関係を検討し、総合判断によって違法性があるか否か判決するのです。裁判の場では、「安全配慮

*——横浜地裁平成一二年六月五日判決。既出。

義務」という注意義務を尽くしたか否かが過失責任の基礎であり、事故発生に至る過程の中で問われることになります。

私はこれまでに、さまざまな事件・事故で訴訟に巻き込まれた方々のご相談にのってきました。その経験から、万一のための備えとなるように、次のような指針をつくって、機会があるごとに皆さんにお伝えしています。養護教諭の方々にも大切な指針となると思いますので、紹介しておきましょう。

紛争に対処するための六つの指針

①人命救助など果たすべきことをまず果たす。
②事故の事実関係を把握する。
③先例を学ぶ。
④説得と論証。
⑤仲間・保護者・後援会の信頼を得る。
⑥自己の行動に正しいという確信を持つ。

第2章

学校におけるスポーツ事故と養護教諭

菅原哲朗

1　学校スポーツ事故

学校を取り巻くリスクはさまざまありますが、そのうちの一つとして、体育の授業や各種の行事で起こるスポーツ事故があげられます。

平成二三（二〇一一）年八月二四日に施行された**スポーツ基本法**は、スポーツに関する国の施策の基本事項を定めたものです。その前文には、次のように記されています。

スポーツは、世界共通の人類の文化である。

スポーツは、心身の健全な発達、健康及び体力の保持増進、精神的な充足感の獲得、自律心その他の精神の涵養等のために個人又は集団で行われる運動競技その他の身体活動であり、今日、国民が生涯にわたり心身ともに健康で文化的な生活を営む上で不可欠のものとなっている。スポーツを通じて幸福で豊かな生活を営むことは、全ての人々の権利であり、全ての国民がその自発性の下に、各々の関心、適性等に応じて、安全かつ公正な環境の下で日常的にスポーツに親しみ、スポーツを楽しみ、又はスポーツを支える活動に参画することのできる機会が確保されなければならない。

すべての人がスポーツを楽しみ、それを通じて「幸福で豊かな生活を営むこと」を、権利として認めたのです。そして、その具体的な方針として、同法第一四条（スポーツ事故の防止等）には、次のように書かれています。

国及び地方公共団体は、スポーツ事故その他スポーツによって生じる外傷、障害等の防止及びこれらの軽減に資するため、指導者等の研修、スポーツ施設の整備、スポーツにおける心身の健康の保持増進及び安全の確保に関する知識（スポーツ用具の適切な使用に係る知識を含む）の普及その他の必要な措置を講ずるよう努めなければならない。

一方、平成二一（二〇〇九）年四月一日から施行されている**学校安全保険法**によって、教育現場である学校の児童・生徒と教職員にとって、「保健」と並んで「安全」が重要なキーワードであることが明確になりました。学校におけるスポーツ事故の抑止は、養護教諭もまた重要な役割を果たすべき課題となったのです。[*]

2　スポーツ事故の抑止と安全確保の指針

学校におけるスポーツ事故を抑止するためには、スポーツ医学、スポーツ体育学、スポーツ法学の専門家三者が綿密に連携する必要があります。この三者が合体しつつ、互いに監視しあう「三つ巴《どもえ》」の関係にならなければ、学校事故を抑止する本当の安全対策はできません。

*――参考文献＝二〇〇九年一〇月二五日発行『健康教室』増刊号「学校安全保健法の読み方」より筆者担当「法律を読むための基礎知識」。

たとえば熱中症は、そのメカニズムや予防法がすでに明らかになっていますが、熱中症による事故は後を絶ちません。体育授業中やスポーツにおける熱中症事故は、「指導者の無知と無理」によって起こると言われています。「スポーツ中に水を飲むと体に悪い」、「渇きを我慢し乗り越えることで根性が養われる」といった、非科学的な俗説に惑わされるスポーツ関係者はいまだに多い。医学的なアドバイスとして「水分補給は必要である」ということが、体育・スポーツの指導者に十分に伝わっていないことが、死亡事故を招いているのです。

公益財団法人日本スポーツ協会(旧名称：日本体育協会)は、スポーツ医・科学研究の一つとして、熱中症予防に関する研究班を一九九一年に立ち上げ、平成六(一九九四)年六月には『**スポーツ活動中の熱中症予防ガイドブック**』を作成して、スポーツ指導者の教育に取り組んできました。このガイドブックはその後何度か改訂を重ね、平成二五(二〇一三)年の最新版では、「熱中症予防五ヶ条」を中心に、市民マラソンのための運動指標、温度環境の評価、運動時の水分補給のしかたといった、具体的な運動指針を提言しています。*

危機管理(リスクマネジメント)・安全対策の原則から見れば、最も安易かつ消極的な安全対策は「危険から逃れる」ことであり、不可避的な危機を内在するスポーツはやめればよい、ということになります。しかし、スポーツを楽しみつつ、積極的に安全対策を行うのであれば、「スポーツには不可避的に危機が伴う。完全な事故防止は不可能である」という大前提を認識することが必要になります。これについては後ほど詳しく説明しますが、スポーツ事故が訴訟に発展するような、法リスクを回避するためには、「逆転の発想」が重要なのです。

スポーツに参加する者の心と身体の状態を把握し、危険を予知(予見可能性)し、いかにすれば事故の発生を少なく、事故の被害を小さくできる(回避可能性)か。リスクに立ち向かう、実

*――日本スポーツ協会のサイトからダウンロード可能。有償だが冊子も入手できる。

践的な発想こそが、安全を創り出すのです。
以下に示す「安全確保のための六つの指針」は、スポーツ事故防止のために指導者がなすべき「安全指導と安全管理」の要点です。

安全確保のための六つの指針*

①子どもにスポーツのルールを守ることを教えよう。（安全指導）
②絶対に子どもにケガをさせない、という心構えをもった、活動計画の立案と実行をしよう。（安全管理）
③危機を感じたら、すぐに安全対策に立ち上がろう。
④最悪を想定し、活動の中止を恐れない。
⑤地域の実績に応じた安全指導マニュアルを創り上げよう。
⑥保険に加入しよう。

さらに、先に紹介した「紛争に対処する六つの指針**」は、紛争が生じて万一、訴訟という事態に至る可能性を考慮した、裁判紛争が生じる前のリスクマネジメントの法則です。

*——日本スポーツ少年団における提言。

**——三八頁。

3　スポーツ事故の法リスクマネジメント

リスクマネジメントの前提＝「スポーツには本質的危険が内在する」

学校体育やスポーツ中の事故について、まず留意すべきなのは、身体を動かすスポーツそれ事態に、怪我をする危険性が含まれているということです。そのため、「内在する危険」に伴う事故である場合には、「ルールを守った加害行為」には、違法性がないとされます。

一般市民のあいだの事故とは違って、民事訴訟、刑事訴訟等にならない基盤がスポーツルールです。しかしその中にあっても、危険を防止する「安全に関するルール」は重要です。スポーツは、ケンカや闘争とは違うので、ボクシング、柔道、剣道といった格技であっても、相互の身体を守るためのルールが確立しています。そしてその根底には、たとえ明確なルールがなくても、参加者相互が危険を回避し、スポーツによる事故を防止するという信頼関係が存在しています。

つまり、スポーツに参加する者は、とくに具体的な契約がなくても、スポーツには本質的危険が内在することに同意し、加害者の行為が、ルールに照らして社会的に許容される行動である限り、スポーツから通常生ずることが予測されるような危険を受忍することに同意している、と言えます。したがって、ルールに従ってスポーツをする限り、「安全配慮義務」を尽くしたことになり、社会的に正当な行為とみなされ、法的には違法性がありません。

これをスポーツ法学では、「危険の引受」「許された危険」「被害者の承諾」「社会的相当行為」など、違法性阻却《そきゃく》事由として説明しています。言い換えると、スポーツ中における、相手方に対する有形力の行使は、多少の怪我が生じても、「法がスポーツの世界に介入しない」ということです。

ただし、その加害行為が、被侵害利益との比較考量から、社会的に許される程度を超えているときは、違法性が生じます。

スポーツ事故に対して、安易かつ消極的な安全対策をとるならば、極論すると、不可避的な危険を内在するスポーツはやめればよいということになります。しかし、これでは意味がありません。スポーツを楽しむ積極的な安全対策とは、スポーツに危険が伴う限り、「完全な事故防止は不可能である」という大前提に立って、「安全対策」を構築することです。

スポーツ事故の法リスクを回避する五つの指針

スポーツ事故が訴訟に発展するような法リスクを回避するには、次に挙げる五つの「リスクマネジメント発想」が重要です。先にも述べたように、スポーツ参加者の心と身体の状態を把握し、危険を予知（予見可能性）し、どうすれば事故の発生を少なく、事故の被害を小さくできる（回避可能性）か。そのような姿勢でリスクに立ち向かうことで、実践的な安全を創り出すことが重要です。

①天災は忘れた頃にやってくる――事故・トラブルは本来、予想できないもので、常に我が身に降りかかる可能性がある、という意識が大切です。スポーツに危険が伴う限り、完璧な事故防止は不可能なのです。
②マッチ一本火事のもと――リスク管理の基本は、初期管理です。「初動を制する」ことが被害の拡大を防止します。「指差し確認」が、心と身体の基本と考えておきましょう。

日常の中で慣れが生じ、たとえ危険を感じても「まぁ、いいや」と軽く見過ごすことがミスを生みます。指差し確認が惰性になってしまわないよう、「慣れ」の克服を心がけましょう。

③予見可能性と回避可能性――リスクを回避するためには、まず、情報をよく収集するようにしましょう。情報収集のコツは、新聞を毎日読むことです。「他山の石」、「人の振り見て我が振り直そう」、といったことわざは真実です。過失とは、「つい、うっかり」の注意義務違反から起こるものです。注意義務の法的構造は、予見可能性と回避可能性の二本柱で成り立っています。

④小さな欲が大きな危機を呼ぶ――嫌な情報ほど、第三者に公開するべきです。内部の小さな機密が、外部の不信を増大させます。身内の恥をオープンにできるかどうか、その度量が安心を産み、その余裕がトラブルを回避します。

⑤危機管理は逆転の発想から――不幸な事態が起こるかもしれない、と考えることは、誰しも楽しくないものです。しかし、リスクマネジメントにおいては、死亡事故やトラブルは発生し得るということを大前提に、立場を替えた発想で安全対策を組み立てていくことが大切です。そうすることで、思わぬミスをなくすことができるのです。

4　養護教諭の役割と救急処置

養護教諭・学校医・地域の医療機関

すでに何度か紹介しているように、**学校保健安全法**第九条（保健指導）は、「学校保健」及び「学校安全」における養護教諭の役割を、次のように明確に定めています。「養護教諭その他の職員は、相互に連携して、健康相談又は児童生徒等の健康状態の日常的な観察により、児童生徒等の心身の状況を把握し、健康上の問題があると認めるときは、遅滞なく当該児童生徒等に対して必要な助言を行うものとする。」

養護教諭の職務は、学校における教育活動が、安全な環境において実施され、児童・生徒の安全確保が図られるよう、責任の重い、しかしやりがいのある職務であると位置づけられたのです。

もとより、養護教諭は正規教員であり、保健室に常駐し、学校内における児童・生徒のケガ・疾病等の応急処置を行い、応急処置を施した後は、医療機関への受診必要性の有無の判断を行います。そしてまた、学校医と連携して、健康診断・健康観察等を通して、児童・生徒の心身の健康の保持増進を推進する、重要な役割を担う学校職員です。

他方、学校医は、教員でなく医師であり、学校近隣の開業医が嘱託されている場合が多い、非常勤職員です。学校医は、学校における保健管理に関する専門的事項に関し、医療技術及び指導に従事し、健康診断での診察、あるいは養護教諭の応急処置のみでは対応できないケガ・疾病等の医療行為を施します。

学校事故における緊急事務管理と救急処置

救命手当・応急手当などと呼ばれる救急処置は、そのための公的な資格や、救急法講習修了証の有無などには関係なく、誰もが知っておかなければならない基本的な知識・技術です。残念ながら日本では、一般市民を対象とした啓蒙普及活動や教育が遅れているために、いまだに、急病人や傷害人に対して「下手に手出しをするな」という傾向が強いのです。しかし、救急処置は、**医師法**第一七条で規定されている「医療行為」*ではない、だれもが合法的にできる行為です。つまり、傷病者を救助し、医師または救急隊員に引き継ぐまでの応急手当です。

学校救急の現場では、保健室に、突然、傷害を負った児童・生徒がかつぎこまれてきます。そして、医師・看護師の資格のない養護教諭が、救急処置を行うことになります。しかし、養護教諭が救急処置を誤って施しても、故意や重大な過失のない限り、免責され法的責任を問われることはありません。その根拠が、**民法**第七九八条の「緊急事務管理」**です。

事務管理は、他人のために一定の行為を行うという点において委任契約と類似しており、事務管理には規定の準用があります。***事務管理は、委任とは異なり、契約ではありません。委任では特約によって報酬を請求することができますが、事務管理では報酬を請求することはできないとされています。

したがって、救急処置はあくまでも医師等への引き継ぎを目的としているため、養護教諭は救命手当・応急手当にとどめて、必ず医師の診察を受けさせるべきです。つまり、学校スポーツ事故において養護教諭が行った緊急やむを得ない救急処置が、法的に免責される際の重要なポイントは、救急処置後に一一九番通報などを介して、病院など医療機関に搬送することです。

*――一二五頁参照。

**――一二八頁参照。

***――民法第七〇一条(委任の規定の準用)「第六四五条から第六四七条(受任者による報告、受任者による受取物の引渡し等、受任者の金銭の消費についての責任)までの規定は、事務管理について準用する。」

余談ですが、筆者は、平成二一年（一月二〇日）に文部科学省主催の「スクールヘルスリーダー派遣事業」研修会で、「学校事故の判例にみる学校における救急処置の危機管理について」と題する講演を行いました。そこで改めて実感したのは、経験の浅い若い養護教諭が配置されている学校や、養護教諭が未配置の学校に対しては、退職養護教諭を「スクールヘルスリーダー」として派遣することの意義です。この派遣事業が速やかに進められ、ベテランの智恵と経験が活用・伝授されることが求められています。

安全配慮義務とは

安全配慮義務とは、一般的に、「ある法律関係に基づいて特別な社会的接触の関係に入った当事者間において、当該法律関係の付随義務として当事者の一方又は双方が相手方に対して信義則上負う義務である」と定義づけられ、「その内容は、当該法律関係の性質、当事者の地位及び安全配慮義務が問題となる具体的状況によって決せられる」[*]とされています。

労働契約法は、労働基準法では救済されにくい事案について、判例をもとに立法化された法律です[**]。労働契約法第五条「労働者の安全への配慮」において、「使用者は、労働契約に伴い、労働者がその生命、身体等の安全を確保しつつ労働することができるよう、必要な配慮をするものとする」と定めています。

学校と児童・生徒の保護者（法定代理人親権者父母）との間には在学契約があり、教師は児童・生徒の安全を確保して教育をする、という委任（民法六四三条）関係にあります。したがって、誤って傷害を与えれば、**民法**四一五条（債務不履行）と民法七〇九条（不法行為）により損害賠償責任を負うこととなります。教師が公務員の場合は、**国家賠償法**第一条一項あるいは同二項が適用さ

*――最高裁昭和五〇年二月二五日第三小法廷判決。

**――平成一九年一二月五日公布（法律第一二八号）、平成二〇年三月一日施行。

れます。[*]

学校事故の場合、過失責任を問われる前提として、加害者に「安全配慮義務違反」という、注意義務違反がなければなりません。そして、注意義務違反となるのは、加害者には「予見可能性」と「回避可能性」が存在していたにもかかわらず、不注意によって被害者を加害したという事実が、裁判によって認定される場合です。

学校における「安全配慮義務」について、ある判例はこのように述べています。

「公立中学校における教員には、学校における教育活動及びこれに密接に関連する生活関係における生徒の安全の確保に配慮すべき義務があり、特に、生徒の生命、身体、精神、財産等に大きな危害が及ぶおそれがあるようなときには、そのような危険の現実化を未然に防止するため、その事態に応じた適切な措置を講じるべき一般的な義務がある。[**]」

また、ある中学校におけるいじめの事件に対する判決ではこう言っています。

「もっとも、被害の発生を未然に防止するための『事態に応じた適切な措置』とは一義的ではなく、学校教育における多様な目的に照らし、教育現場における高度の裁量に委ねられる部分も多く」「適切な措置が何かについては、複雑困難な問題があることも考慮されなければならない。[***]」

学校における児童・生徒の事故や傷害が発生した時には、日頃から整理されている子どもの健康や家庭状況等に関する資料や、子どもの行動態様の観察記録、保護者との連絡体制、教職員の緊急対応体制、救急病院との連絡体制等にもとづいて、養護教諭が、事故の状況に応じた迅速な対応、適切な措置を行うことが求められているのです。

＊――三六頁を参照。

＊＊――東京高裁平成一四年一月三一日判決。

＊＊＊――横浜地裁平成二一年六月五日判決。判例時報二〇六八号一二四頁。

ＡＥＤと養護教諭

医療行為とは、傷病の診断・治療または予防のために、医学に基づく医師の判断及び技術をもってしなければ人体に危害を及ぼす恐れのある行為です。これを業とする医業について、医師法第一七条に規定し、医師以外が行うことを禁止しています。*

自動体外式除細動器（ＡＥＤ）は、簡易な器具ではあっても、心室細動や無脈性心室頻拍に対し、強い電流を患者の心臓に流して治療する医療機器であるため、原則的には医師、または医師の指示を受けた看護師や救急救命士が使用すべきと考えられてきました。しかし、ＡＥＤは医学的な判断のほとんどを機械が自動的に行い、使用者が一定の知識・技術を身につけてさえいれば、傷病者の状態を悪化させる恐れはありません。現在、公衆衛生の維持向上を図るべく、ＡＥＤは各所に備えつけられ、応急手当として非医療行為従事者が使用できるようになっています。応急手当・救命処置は、緊急やむを得ない行為として、緊急事務管理（民法第六九八条）に基づき、違法性が阻却され、医師法第一七条違反となりません。**

応急手当・救命処置は、ケガや病気を治療する行為（医療行為）ではありません。あくまでも、負傷者や急病人を医師等に引き渡すまでのあいだに症状を悪化させないための、さしあたっての手当・一時的な応急処置です。しかし残念ながら、市民への応急手当・救命処置の普及・啓発教育が遅れているため、いまだに「下手に手出しするな」という風潮が根強く存在します。呼吸停止・心停止は不可逆的な脳損傷を起こし、一一九番して救急隊員到着を待っているだけでは手遅れになります。「除細動の実施は早ければ早いほど救命率が高い」というＡＥＤの特徴があり、医学知識と経験を有する養護教諭としては、率先してなすべきです。

「患者の特異体質」という言葉は、医療過誤で訴えられた医師の抗弁として使われることの

＊——医師法第一七条「医師でなければ、医業をなしてはならない。」

＊＊——民法第六九八（緊急事務管理）「管理者は、本人の身体、名誉又は財産に対する急迫の危害を免れさせるために事務管理をしたときは、悪意又は重大な過失があるのでなければ、これによって生じた損害を賠償する責任を負わない。」

多い言葉です。しかし、科学的メカニズムがはっきりしない「特異体質」や「突然死」という言葉で学校スポーツ事故を片付けていたのでは、事故防止には何の効果もありません。

心肺蘇生の有効な手段とされるＡＥＤが各所に配備され、安全なスポーツ環境形成のための手軽な医療器具として利用されることは、スポーツを楽しむ人々の身体的な安全の確保に欠かせません。すでに多くの学校にＡＥＤが配備されています。例えば地元消防署や赤十字の協力を得て、同僚の教師たちにその使い方を指導するのは、養護教諭の役割となるでしょう。

老いも若きも生涯スポーツが喧伝される今日、体育・スポーツが本質的に持つ「内在する危険」を減少させ、スポーツ事故を防止することこそが、養護教諭に期待される現代的な役割です。

5　参考判例

①　体育授業　急な体調不良

養護教諭の職責と応急処置義務

養護教諭とは**学校教育法**で規定されている教育職員です。養護教諭の職責は学校教育法第三七条第一二項に、「養護教諭は、児童の養護をつかさどる。」と定められています。そして、養護教諭の職場である保健室とは、医療行為をなす病院や診療所ではありません。保健室とは、学校における児童・生徒等の健康診断、健康相談、救急処置活動、健康教育などを行う場で、**学校教育法施行規則**によって学校教育の目的を実現するために必要不可欠なものとして位置づけられている施設設備です。*

もちろん、短期大学では養護教諭二種免許状取得のための科目として、学校保健・カウンセリング・看護・救急処置・医学や薬に関する専門的な基礎知識を勉強しますが、保健師、助産師、看護師のような医療従事者を養成するものではありません。

養護教諭の行う救急処置は傷害や病気の応急手当であって、患者を治療する医療行為ではなく、**医師法**第一七条に規定する「医業」ではありません。** 救急処置・応急手当の法的根拠は、**民法**第六九八条「緊急事務管理」です。*** 応急手当は、医師による速やかな対応を得ることが困難な場合に行う、緊急でやむを得ない措置です。法の趣旨をひと言でいうと、なんの関係がない人でも「命が危ない」と思ったときに応急処置ができ、仮にやりかたを間違えても、法的責任は問われないということです。そういう意味で、救急処置、応急手当は合法的に人としてだれもがなせる行為で、人の命を救う勇気をもって、直ちに救命処置を実施しなければならないのです。

ただし、救急処置はあくまでも医師への引き継ぎを目的としたものなので、あくまで救命処置・応急手当にとどめ、一一九番および病院へ搬送することがポイントで、必ず医師の診察を受けさせることが重要です。つまり、養護教諭の行う救急処置とは、児童・生徒等に傷病が発生した場合、医師につなぐまでの応急手当と悪化防止の処置を行うことです。

*——日本養護教諭教育学会『養護教諭の専門領域に関する用語の解説集〈第一版〉』、二〇〇七年三月二六日 参照。なお、日本養護教諭教育学会は、養護教諭の行う救急処置・救命処置活動について「救急処置とは、児童生徒等に傷病が発生した場合、医師につなぐまでの処置と悪化防止の処置を行うことである。」「救急処置活動とは、教育活動の過程で児童・生徒等に傷病が発生した場合、医師につなぐまでの処置と悪化防止の処置及び苦痛緩和を行い、児童・生徒等、保護者、教職員に対して、傷病が発生しないような環境づくり・発生予防・発生時の対処のための教育、体制づくりを行う養護教諭固有の活動である」と定義づけている。

**——医師法第一七条に規定する「医業」とは、「当該行為を行うに当たり、医師の医学的判断及び技術をもってするのでなければ人体に危害を及ぼし、または危害を及ぼす恐れのある行為(「医行為」)を、反復継続する意思をもって行うことである」と解している。

***——民法第六九八条「管理者は、本人の身体、名誉又は財産に対する急迫の危害を免れさせるために事務管理をした時は、悪意又は重大な過失があるのでなければ、これによって生じた損害を賠償する責任を負わない。」

参考判例*

平成一三（二〇〇一）年三月一日、村立B中学校の体育館で、ミニサッカーの体育授業中に三年生の男子生徒A君（当時一五歳）が競技中に気持ちが悪くなり、体育館の隅で休んでいるうちに倒れ、体育教諭Cと養護教諭Dがマウスツーマウスの方法による人工呼吸と心臓マッサージを開始して、一一九番で救急車を呼び、病院に搬送したが、心臓停止で死亡した学校事故。

裁判の争点は、A君の呼吸停止後に約四分遅れで養護教諭が行った救命処置が、「直ちに心肺蘇生法や心臓麻痺の救命処置を実施すべき義務」に違反したか否かである。

A君の相続人両親（原告Xら）はB中学校の設置者たる地方公共団体（被告Y）に対し、校長・体育教諭・養護教諭に安全配慮義務違反ありとして、約二〇四九万円を請求したが、裁判所は請求を棄却した。

裁判所の判断

万一、訴訟に巻き込まれた場合の法リスクマネジメントの第一ポイントは、「人命救助など果たすべきことをまず果たす」です。** なぜなら、呼吸停止後、心肺蘇生法の開始までに時間がかかるほど、蘇生率は急速に低下するからです。人間の脳は呼吸が止まってから四分ないし六分間で、低酸素による不可逆的で回復不能な状態になります。一般的に、呼吸停止から二分以内に人工呼吸を開始すると、蘇生率は九〇パーセントで、四分経過すると五〇パーセントとなり、*** 呼吸停止後の三分ないし四分が生死を分けます。

参考判例では、養護教諭の救急処置能力について言及しています。

*——青森地方裁判所八戸支部平成一七年六月六日判決（請求棄却）。判例タイムズ一二三二号二九〇頁。

**——筆者は、紛争に対処する六つの指針を提唱し、「安全配慮義務」に対する実践法を紹介している。詳しくは三八頁を参照。

***——ドリンカーの生存曲線＝人が呼吸停止してから蘇生できる確率を時間ごとに表した曲線。

「養護教諭として、毎年救急法実技講習会に参加していたことから、医療従事者に要求されるほどではないものの、心肺蘇生法に関する確実な知識及び実技の能力を有することが期待されているというべきものであり、養護教諭Dは亡Aの異常を把握した場合、体育教諭Cとは異なり、心肺蘇生法についての確実な知識に基づいて、生徒の身体の異常を把握し、呼吸停止と判断される場合には、生徒の生命・身体の安全を確保すべく、自ら心肺蘇生法の応急処置を直ちに採る注意義務を負うと解するのが相当である。」

つまり、養護教諭Dは中学校の一般的な体育教師や教諭と異なり、救命への強い期待をされたにもかかわらず、他の生徒を退避させたり、ぬれタオルをA君の顔に当てるなどしていて心肺蘇生法を直ちには開始せず、約四分遅れたのです。しかし、裁判所は養護教諭Dには法的責任がないと判断しました。

「養護教諭は生徒の保健衛生を守るべき注意義務を負うが、医療従事者ではないのであるから、養護教諭に要求される応急処置は、あくまでも養護教諭が心肺蘇生法の講習会や日本赤十字社の応急手当の知識及び指導情報等により習得した知識・義務を前提としたそれであって、医療従事者に要求されるような高度の医学的知識・技術まで要求されるものではないというべきものと考えるのが相当である。」

つまり、養護教諭の職責はあくまで教師であって、医療従事者が求められる専門的な安全配慮義務まで要求されないのです。裁判所はA君の心不全状況を詳細に事実認定して、「医療従事者ではない養護教諭Dが、亡Aが乱れた呼吸をしていることをもって呼吸停止と判断することは著しく困難であり、直ちに人工呼吸を開始しなかったことはやむを得ないというべきであり、呼吸音がないことを確認した後に人工呼吸を開始したとしても、これをもって前記注意義務に違反したということはできない。」よって、養護教諭Dに過失はない、と判断したのです。

②体育授業　肩車中の尻もち*

昭和五四（一九七九）年四月二一日、体育の授業中、二人一組で肩車をしていた県立高校一年生男子が、相手を肩に乗せたまま腰がくだけて尻もちをつき、第四腰椎圧迫骨折の傷害を負ったもの。裁判所は、担当教師および養護教諭の過失を認めず、請求を棄却した。

*——東京地方裁判所昭和六三年二月二三日判決。判例時報一二九三号一一五頁。

養護教諭の救護診断義務

養護教諭は、医学的素養をもって学校に勤務する教育職員であって、学校内において要救急事故が生じた場合の役割は、一般医療の対象とするまでもない軽微な傷病の処置と、学校医等専門医へ要救護児童・生徒を引き渡すまでの処置をすることにあります。

養護教諭の行う養護診断は、学校内において傷病事故が発生したときに、その事故の発生状況、傷病の内容、程度をできるだけ速やかに認識し、みずから傷病の手当をするか、緊急に医師のもとに移送するものであるか、あるいはその必要がないものであっても家庭へ送りかえして保護者の保護監督下におくべきものか、学校の保健室で継続的に観察する必要のあるものか、生徒を授業のため教室に帰して良いものか、を判断することが第一の目的です。すなわち、その傷病事故の重傷度、緊急度を判断するものです。

それゆえ、養護教諭の傷病についての判断手続きについては、一般の医師・看護師が専門的な傷病名や傷病個所の確認、医学的処置をする目的で診察するのと違って、医学的に十分なものである必要はありませんが、少なくとも前記のような目的にふさわしい問診、視診、触診を適切に行う義務があると言うべきです。

原告が、「授業中に肩車をしようとして崩れて腰背部を打った」旨の漠然とした答えをしただけなのに、具体的な状況を詳細に尋ねようとせず、顔貌、腰背部等の視診、腰背部の触診をしたのみで、肩に乗せたまま二つ折りになるようにして尻もちをついた状況を把握しなかったことは明らかです。したがって、養護教諭として尽くすべき程度に達しておらず、不十分であり、職務上尽くすべき救護診断義務を怠ったものと言わざるをえません。

裁判所の判断

しかし裁判所は、養護教諭の救急処置に責任なしとして、次の通り判断しました。

養護教諭が本件事故発生の状況とその後の経過について知っていたと仮定しても、腰部の骨折等の傷害を直ちに疑うことなく、原告に対し、二、三日運動したり患部をもんだり押したり温めたりしないよう注意を与え、さらに、痛みが続くときは専門医の診察を受けるよう指示したことは、養護教諭の救急処置として不適切であったとまでは言いがたく、上記のように養護診断した時点において、養護教諭として直ちに校医ら専門医の診断を受けさせる注意義務並びに原告の父母に事故を連絡する義務が生じていたとは認められない。しかも、原告の知識、能力からすれば、痛みの継続、変化に応じて学校医等専門医の診察を希望して連れていってもらうことを要求したり、みずから親元に連絡するよう要求することも可能であったのだから、養護教諭としての職務上の過失があったものとは言えない、としました。

③ 水泳授業　接触による負傷と脳梗塞

この判例は、水泳の授業中に他児童と接触して頭部を負傷した児童について、養護教諭が救急車を要請せず、かつ負傷の状況や児童の状態を、医師に適切に説明していなかった点が過失に問われた事例です。

参考判例＊

小学四年生のA子が平成元（一九八九）年六月三〇日午後二時半頃、市立Y小学校の水泳授業でクロール練習中に他の児童と衝突して頭部を負傷し、体育教師と養護教諭Dによる応急処置後、C病院で治療を受けたが、教師の過失と整形外科医師の医療過誤もあって、死亡した事例。

＊——千葉地方裁判所平成一一年一二月六日判決（請求認容・合計四〇〇八万五七五〇円の損害賠償）。判例時報一七二四号九九頁。

この学校事故について、提訴した原告Xら（亡A子の父母）は損害賠償請求で、市立Y小学校の安全配慮義務違反及び医療法人C整形外科の診療の医療過誤が死亡の原因と主張し、裁判所は、市立Y小学校設置管理者の市及び医療法人Cに合計四〇〇八万五七五〇円の損害賠償を認めました。また裁判所は、水泳を指導していた教師及び養護教諭Dの応急処置に関し、養護教諭Dが「前例がない」として一一九番で救急車を要請せずに、保健室から近隣のC病院に背負って搬送し、担当医師にプール事故の状況を説明できなかったことについて、結局亡

A子に対する安全管理上の過失があったと判断しました。

水泳指導教師の過失

判例は、水泳指導を行った際の「安全配慮義務違反」について次のように述べ、具体的に水泳指導教師の過失を判断しています。

①本件授業において、指導監督にあたったB1教諭は、水泳中の児童がプール内で他の児童と衝突することは容易に予測ができ、またある程度の体格の児童が全力で泳いで衝突したり、足で他の児童を蹴ったりすれば、場合によっては双方あるいは一方の児童が何らかの傷害を負う事態になることも予測できたものと認められる。しかし、本件事故発生後、B2教諭は泳ぎ方がおかしいとB1教諭から亡A子を引き継いだうえ、亡A子を立たせようとして自分では立てなかったのを知りながら、それ以上に亡A子の状態を確かめようとせず、またその事実を保健室の養護教諭Dにも伝えなかった。

②結局、衝突の危険を防止するための配慮は殆どなされていなかったというほかはない。また、児童に対して、他の児童との衝突に注意して十分な間隔をあけるよう指導注意した事実も窺われない。

③したがって、水泳指導教師には、本件授業を実施するにあたって、児童相互の衝突による傷害事故の発生を防止すべき注意義務を怠った過失があるというべきである。

脳梗塞の原因と死因

判例は、「脳梗塞の原因と死因」について、法律的な「因果関係」を述べ、水泳事故の危険性を指摘しています。

死亡との因果関係として裁判所は、亡A子がプール内での他児童との衝突に起因する外傷性頸部動脈内膜損傷による脳梗塞を生じ、この脳梗塞を原因とする脳浮腫により頭蓋内圧が亢進し、脳ヘルニアを来して死亡したものと認められるとして、水泳指導教師と養護教諭Dの過失による行為と亡A子の死亡との間に因果関係が認められることは明らか、と判決しました。

「亡A子のような小児脳梗塞の原因としては、先天性心疾患、敗血症による塞栓症、鎌状赤血球貧血・赤血球増多症などの血液疾患、外傷による鎖骨下動脈・頸部動脈内膜損傷、頸部内頸動脈の動脈炎、解離性脳動脈瘤、線維筋性異形成などが挙げられているが、およそ三分の一は原因が明らかでなく、外傷によるものは一二パーセント程度と報告されていること、このうち外傷による頸部動脈内膜損傷による脳梗塞は、外力により過度な伸展が上位頸椎に及ぶのと同時に受傷部位と反対側への屈曲、回転が起きると、頸椎の横突起によって頸部内頸動脈が内膜断裂の損傷を受けて、これが血管を閉塞したり、解離したり、偽性動脈瘤を形成して血流を妨げ、これによってさらに順行性、逆行性に血栓を形成して完全に血管を閉塞してしまうというメカニズムで起きること、通常、この場合の血管閉塞による症状は、外傷を受けてから一時間以上経過して発現したとする報告例が大半であるが、患者が小児であることから、周囲が症状の発現にすぐに気づかないためであるとも考えられること、この場合の外傷は必ずしも強力なものでないことも多く、本件のような水泳時でも、息継ぎのために頸部を上方に伸展したり、側方に回旋している際に他児童と衝突したり、足で蹴られたりすれば、頸部の過伸展が起きることは十分に考えられることが認められる。」

養護教諭の応急処置の過失

裁判所は養護教諭Ｄの応急処置に至る経過を詳細に認定し、過失を認めました。

「養護教諭Ｄも亡Ａ子に対して、水は飲んでいないか、頭の痛いところはどこかなどを確かめたが、これに対して右こめかみを押さえ、頭をぶつけたなどと答える亡Ａ子の様子などから、大変ぐったりしていて、顔色が悪く、意識が少しおかしいとの印象を受けたが、プール内での異常の詳細について確かめることはなく、四肢の麻痺の有無などについても確認しなかった。」

つまり養護教諭Ｄは、養護診断として事故時の状況までは確認しなかったのです。

「養護教諭Ｄは、亡Ａ子の血圧、脈、体温を測定したうえ、一刻も早く医師に診てもらいたいという気持ちから、先ず校医である内科に電話したが、休診日で留守電であったため、Ｃ病院に電話をしたところ、同病院も休診日であったが、診察の了解を得ることができた。そこで、養護教諭Ｄは、亡Ａ子を背負い、用務員に同行を頼んで、学校から歩いて二、三分のＣ病院に向かい、午後二時四五分頃同病院に到着した。」

「養護教諭Ｄもまた、プールでの様子をＢ１教諭らに確かめなかったばかりか、自ら亡Ａ子の状態を十分に確認しようとしなかったために、左上下肢に麻痺のあることに気づかないままＣ病院に連れて行き、医師にも適切な説明ができなかったことがそれぞれ認められる。」

養護教諭Ｄは、保健室に連れてこられたＡ子に対して、一般的で適切な応急処置をしましたが、プール事故の事実経過を把握せず、「プールで遊んでいて、意識を失った」との報告程度で、医師への説明義務違反を生じたのです。結果的に、養護教諭Dは頭部傷害の危険性を認識していなかったといえます。

「右各教諭や養護教諭Dに、前述したような外傷による頸部動脈内膜損傷による脳梗塞の発症について詳しい知識がないのはやむを得ないとしても、体育の授業としてのプールでの水泳中に生じた身体の異常であり、少なくとも亡A子の状態を十分な注意力をもって把握するよう努め、必要な情報を的確に伝達して適切な対応を取るべき注意義務があったというべきであり、この義務を尽くしていれば、容易に左上下肢の麻痺という事実に気づき、救急車の要請も含め、亡A子がその症状に対応した適切な医療機関で迅速かつ適切な診療を受け、方策を講じることができたものと考えられる。したがって、この点でも、B1教諭及び養護教諭Dには過失があるというべきである。」

小学校の児童が脳梗塞を発症するのは極めてまれな現象であり、もとより養護教諭Dは医療専門家ではありません。だからこそ、応急処置後、速やかに一一九番をして救急専門病院へ引き継ぐことが要請されるのです。

④ 水泳テスト中の心不全

前項に引き続き、水泳に関連した事故を取り上げます。中学三年生の男子が心不全で死亡した例です。養護教諭は事故現場のプールから救急車に同乗し、病院まで同行しています。そして裁判では被告ではありません。しかし、救命救助に関する、体育教師や学校医の対応が問題となっていますので、参考にあげておきます。ここでも、三八頁に挙げた「紛争に対処する六つの指針」における「①人命救助など果たすべきことをまず果たす」が重要な指針となってきます。

参考判例*

中学三年の男子生徒A君が、水泳テストの際に心不全によって死亡した事故。

A君は、昭和四五（一九七〇）年九月五日午前一〇時五五分頃、市立中学校のプール（長さ二五メートル）で体育授業として行われた水泳テスト（飛び込みクロール）中、テストを終えてプール端まで泳いでいく途中に突然手足をバタバタさせて水中に沈み、間もなくこれに気づいた他の生徒の連絡で体育教師Bがプールサイドに引き上げたが、A君は白目をむき、全身が激しくけいれんしていた。体育教師Bは、水に溺れたものではないと判断した。しかしその原因がわからず、てんかんの発作ではないかとも考えたが、とにかく、体育主任C・養護教諭D・教頭Eらに事態を急報した。B教師はA君の意識を回復させるべく、頬を叩いたり、バスタオルで四肢をマッサージしたり、大声で呼びかけたりなどしたが、A君の意識は戻らなかった。

駆けつけた体育主任CはA君の瞳孔反応を見たが、反応が見られず、胸に耳をあてて確かめたところ鼓動が聞こえなかったため、呼気蘇生法（マウス・ツウ・マウス法）を数回行い、また頬を二、三回叩いて刺激反応を見たが、反応がなかった。炎天下のプールサイドなので、体育教師Bと体育主任Cは廊下の渡り板に毛布とバスタオルを敷き、その上にA君を乗せて、そこから約三〇メートル離れたプール場入口にある女子更衣室

---

*——千葉地方裁判所昭和四九年一一月二八日判決。判例タイムズ三二〇号二二三頁。

に運び、ニールセン式人工呼吸を約一〇分施した。教頭Eからの急報により、間もなく校医Fが到着して診察した。同校医は直ちに強心剤のビタカントロペリをA君に注射して心臓マッサージを施し、これに併用してハワード式人工呼吸を行った。

午前一一時一五分頃に救急車が到着し、備え付けの酸素吸入器でA君に酸素吸入させ、校医Fも同乗してA君に心臓マッサージと人工呼吸を行い、養護教諭Dと体育教師Bも救急車に乗り込んで、午前一一時二五分頃、救急病院に運び込んだ。同病院では医師三名、看護師三名が午後一二時一五分頃まで約一時間にわたって治療に努めたが、結局蘇生させることができなかった。同病院における診断によれば、A君の死因は心不全だった。

裁判所の判断

裁判所は、人の死と救命行為について、「およそ人の死亡とはいかなる時をいうのか。医学界においても定説がないように見受けられるが、A君に心臓機能の停止があってもその後に蘇生可能の時間が存する限り、右時間を経過するまでは絶対的・確定的な死は到来せず、それまでいわゆる仮死の状態と考えるべきで、右時間を経過して初めて死亡と断定すべきものと考える」と、救命のための応急処置継続の重要性を述べます。

「被告B教諭の体育教師としての地位、責任から考えれば、同被告としては体育の授業中生徒が心臓発作に襲われる場合が起こることは皆無ではないのであるから、かかる場合にとるべき応急処置としての心臓マッサージについての知識、方法を当然に心得ていなければならないのであるから、かかる場合にとるべき応急処置としての心臓マッサージについての知識、方法を当然に心得ていなければならないもので、本件事故当時（昭和四五年）においても、右知識方法は一人医師にのみ要求されるものではなく、体育教師にも要求されるものである。」

「被告B教諭や学校側が蘇生法たる心臓マッサージを施用しなかったことは、同被告（体育教師B）にかかる知識がなかったとはいえ、かかる知識を有していなかったことが非難に値する以上、結果的に非難せられなければならない。」さらに、「このことは校医Fが駆けつけるまでにA君の救護に当たった体育主任C、養護教諭Dらについてもいえることである」と認定します。

そして、「A君の死は水に溺れて窒息したことによるものではなく、心不全によるものであって、溺死の場合と異なり、心不全のように心臓が活動を停止したときは、単に人工呼吸を行ったのみでは意味がなく、心臓マッサージを行って人為的に心臓を動かして血液を肺に送り込み、肺から脳に流入する過程で、肺に酸素を吸入せしめるために人工呼吸を併用するのであって、あくまでも心臓マッサージが主であることがわかる」と、応急処置のポイントを指摘します。

「しかしながら、右措置をとらなかった不作為と、死亡との間の因果関係を考察するところ、心臓マッサージを施用した場合の蘇生率が相当程度の高確率であるとするならば、そこに当然因果関係の成立を認めなければならないが、このような確率を認むべき証拠はない。即ち、右蘇生法がもっとも適切な方法であって、これを施用することによって蘇生する可能性があるということは認定できても、施用すれば必ず蘇生する或いは高い確率で蘇生するとまで認定することはできない。」

裁判所は、「被告らはA君の突然の心臓発作について何らその原因を与えたものではない。ただ右発作から死に至る極めて時間的に短い過程において、医師ではない被告らにとって極めて困難なものであったとはいえ当然の義務である蘇生のための適切な措置を過失によりその知識がなかったためとりえなかったのである」と、医師ではない体育主任C、養護教諭Dの救命に果たすべき法的義務を述べます。

法的責任を問われる場合、常に死亡との原因・結果において、応急処置における体育主任Cの過失とA君の死亡との間に法的な因果関係がなければなりません。「しかし右措置をとったからといって必ず蘇生するものとは限らず、蘇生しないこともあり、単に蘇生の可能性があるというに過ぎないものであるから、右不作為と死との間には因果関係があるとはいえないということになる。即ち被告らが右措置をとらなかったがためにA君が死亡したということはできないのである」と裁判所は因果関係を厳格に判断します。

それゆえ、裁判所は心臓マッサージの不施用という、措置をとらなかった不作為と死亡との間の因果関係を考察し、A君の死亡との間に因果関係を認めることはできないとして、結論は「請求棄却」、つまり被告となった体育教諭Bには責任がないと判決したのです。

裁判の流れと、「判例」を検討する意義

裁判では、第一審で事実認定が精密かつ具体的に記載されます。

「主文」は結論です。「事実」として原告・被告双方の事実上の主張が整理され、そして口頭弁論期日において陳述された請求原因と事実認否および被告の反論と抗弁が示されます。

「理由」では判決主文の「請求認容」「一部認容」「請求棄却」の結論に至った理由が述べられ、

請求原因や抗弁を検討しつつ、結論を論理的に導きだします。争いのある事実関係のくいちがいや法律主張の不一致は、「争点」として証拠に基づいて確定し、法律を適用していきます。

続く控訴審(第二審)では、事実審の続審として、第一審の事実認定に誤認があれば修正され、法律判断の異なる意見も記載されます。

最高裁は上告審として、主として法律判断のみが示されます。くいちがった下級審の判断を統一して、判例を確定させます。

私は、法リスクマネジメントとして、「紛争に対処する六つの指針*」にあげた「③先例を学ぶ」ということを説明するとき、いつも判例を取り上げています。なぜなら、法的な問題解決を要請されたとき、弁護士は先例のうち、裁判所の判断という権威ある「判例」をもとに想定し、問題解決の手がかりとするからです。

判例とは、裁判所が判決の理由の中で示した法的判断です。さまざまな紛争に際して、判決に至る結論の根拠となった法律的判断が、将来の予測として、紛争当事者の和解・判決の帰趨を決めるのです。具体的な紛争事例を考察する場合、証人の発言や専門家の鑑定書による意見を総合し、原告の損害賠償請求とそれに対する被告の答弁が議論され、最終的に裁判官の判断が下される経緯を読み取る必要があるのです。

*――三八頁参照。

⑤ 持久走大会 ぜん息による死亡事故

次に紹介する判例は、平成一一(一九九九)年一二月三日、市立D小学校の持久走大会の事前練習中に、原告Xらの長女C子(当時小学三年生)が、運動誘発性ぜん息を発症して呼吸困難となり、走行不能となって倒れ、救急車で病院に運ばれたのち、翌四日に死亡した事件です。

結論として福岡地方裁判所は、C子を事前練習に参加させたこと、養護教諭を事前練習に参加させなかったことについての安全配慮義務違反など、過失責任がD小学校の教師ら（被告Yら）にあった、という原告Xらの主張は認められないとして、損害賠償請求を棄却しました。

参考判例*

三年生の持久走大会の区間は、公園内の児童遊園前付近をスタート地点とし、そこから同公園の周りを反時計回りに周回して約一〇〇〇メートル先にあるゴール地点までだった。平成一一年一二月三日の市内の天気概況は晴れで、事前練習のスタート時である午後三時頃の気温は約一六・一℃、相対湿度は約四五パーセントだった。

C子は午前八時三〇分頃の朝の健康観察時に、担任のE講師に「のどが痛いです」と訴え、E講師がC子に再度確認したところ、再び「のどが痛い」と答えていた。午前一〇時三五分から校内走に参加し、D小学校運動場のトラック外側を約五分間で約七周走った。C子は午後〇時三〇分、給食当番として他の給食当番の児童とともに給食の準備をし、午後一時一〇分から給食の後片付けをした。C子を含む三年生から六年生までの児童らは午後一時五五分頃、事前練習のためにD小学校を出発し、徒歩で公園に向かい、午後二時二〇分頃、事前練習本部に到着した。

午後三時四分一九秒、三年生の児童らがスタート地点からスタートし、G教諭が最後尾の児童について伴走した。G教諭は午後三時一〇分頃、スタート地点から約七二〇メートル付近で、前方約七〇メートルの地点に二名の児童が立ち止まっている

*——福岡地方裁判所平成一四年三月一一日判決。LLI・平成一二年(ワ)二九五七号。

姿を見つけ、同地点に駆けつけたところ、C子が倒れているのを発見した。

午後三時一八分に消防署に通報し、救急車が午後三時二四分に公園に到着した。救急車到着時のC子の容体は、脈拍は弱く、瞳孔は正常であり、意識清明だったが、眼瞼結膜蒼白、口唇部チアノーゼ、冷感が認められた。到着した救急隊員は午後三時三六分頃、C子を救急車に収容し、本件事故現場を出発して病院に向かった。途中でぜん息の既往などをC子から聴取したが、C子は息苦しさ及び体動が激しくなり、その後、意識消失するとともに口腔内から泡沫状の血痰が出た。心室細動（心室が上位中枢からの興奮によらず、個々の心室固有筋が無秩序に興奮する状態）の後、心肺停止する等、容体が悪化したため、応急処置を受けながら搬送先をJ病院救急救命センターに変更され、午後三時四三分、来院時心肺停止の状態で同病院に到着した。

C子はJ病院到着後、心肺蘇生措置などの治療を受けたが、翌四日の午前二時三六分に死亡した。

原告側の主張

法定代理人親権者原告X ら父母は、このように主張しました。
「①担任教師だったE講師には、C子にはぜん息の持病があって、運動時にたびたびぜん息が誘発されることを原告らから告げられており、事前練習当日も健康観察の際、C子から直接「のどが痛い」と気管支の疼痛を訴えられていたにもかかわらず、事前練習に参加させた過失がある。②D小学校、小学校長及び同校教師らには、本件事前練習に養護教諭を参加させなかったことや、ぜん息発作が生じた場合は直ちに発見して応急処置を施せるように準備をし、安全に配慮する義務に違反した過失がある。③担任のＥ講師には、ぜん息の持病のあるＣ子の存在をＤ小学校に知らせて安全に配慮する義務を怠った過失がある。」

以上の理由で、法定代理人親権者原告Ｘら父母は、市立Ｄ小学校の設置者である被告に対し、**国家賠償法**第一条一項に基づき、それぞれ金五七七八万六二七四円の損害賠償と、これに対する、Ｃ子が死亡した日の平成一一年一二月四日から支払い済みまで民法の定める年五分の割合の遅延損害金を求めたのです。

裁判所の判断

これに対し、裁判所の判断は以下のようなものでした。

（1）小児ぜん息及び運動誘発性ぜん息の意義、発生機序及び症状について。

ぜん息とは、気管支に多くの痰が溜まったり気管支の粘膜がむくんだり、気管支が収縮したりして呼吸が困難になる病気です。アレルギー症状を引き起こす物質（アレルゲン）がぜん息の発症や発作の発現に関与している場合、これらはアレルギー型（アトピー型）と分類され、小児ぜん息の八〇パーセントないし九〇パーセントがこの型だと言われています。また、ぜん息発作を何度も繰り返していると気道が敏感になり、普通の人ならば何でもないわずかな刺激で発作を起こすこともあり、このような状態を起動反応性の亢進といいます。このアレルギー反応（体質）及び気道反応性の亢進が、小児ぜん息の特徴といわれています。

運動誘発性ぜん息とは、運動したときに起こる一時的な呼吸困難症状をいい、ぜん息があると気道が非常に敏感になるため、ぜん息が重症な人ほど起こりやすい症状です。また、運動で呼吸が速くなり、気管支が冷やされたり粘膜の水分が蒸発したりすることで、気管支の平滑筋が収縮するためにおこる現象と理解されています。運動の内容としては、ランニングは起きやすく、水泳、散歩は起きにくいとされており、強い運動を長時間持続するほど起きやすいものとされています。

運動誘発性ぜん息の症状は、アレルゲンが身体に入って起きる発作とは違い、ほとんどの場合、肺機能が最も低下するのは運動終了後五分間ないし一〇分間です。多くの場合、特に治療をしなくても二〇分後ないし三〇分後にはほぼ運動前値まで肺機能が回復します（即時型）が、患者によっては約六時間後に再度呼吸困難を訴える人もいます（遅発型）。

（2）条件関係が存在する。

①事前練習に至るまでC子にはぜん息の既往症状があり、特に事前練習の前日、前々日である平成一一年一二月一日、二日にはぜん息発作を理由に校内走を休んでいたこと。

②C子は七九〇メートルを走った地点で倒れたが、その後、息苦しさを訴え、仰向けになって足を上下に動かしているような状態だったこと。

③救急車内でのC子の口唇部チアノーゼ、意識消失及びJ病院でのC子の血液ガスの結果（pH六・九二〇、炭酸ガス分圧一〇〇mmHg以上）は、気管支喘息発作及びそれに伴う呼吸障害の症状と符合すると認められること。

④健康診断の結果によると、ぜん息の診断を受けるまでC子について呼吸器の異常はなかったことが認められ、C子の症状がぜん息以外の要因に基づくとは考えにくいこと。

裁判所は「以上によれば、本件事故は、C子に運動誘発性ぜん息が発症して呼吸困難となり、走行不能となって生じたものと推認するのが相当であり、また、本件事故とC子の死との間には条件関係が認められることは明らかであるから、前記運動誘発生ぜん息とC子の死との間においても、条件関係が認められると解するのが相当である」と判決しました。

(3) 担任のE講師には、D小学校に対し、ぜん息の持病のあるC子の存在を知らせて安全に配慮する義務を怠った過失がない。

また、裁判所は「E講師において、C子が事前練習当時に、練習への参加によって死に至るようなぜん息発作が発症することを具体的に予見することができた可能性は認められず、かかる状況のもとで、E講師に本件事前練習実施前において他の教師に対しC子がぜん息に罹患している事実を知らせるべき義務は認められず、E講師にD小学校に対しぜん息の持病のあるC子の存在を知らせなかったことにつき過失は認められない」と判決しました。

(4) 養護教諭の意義・役割。

小学校における養護教諭は、**学校教育法**第三七条一項により小学校に置くことが義務づけられている、児童の養護をつかさどる教諭(同法第三七条第一二項)です。裁判所は、この「養護をつかさどる」とは児童・生徒の健康を保持増進するためのすべての活動を言うものと解すべき」と認定し、養護教諭は、「専門的立場からすべての児童・生徒の保健及び環境衛生の実態を的確に把握し、疾病や情緒障害、体力、栄養に関する問題等、心身の健康に問題を持つ児童・生徒の個別の指導に当たり、また、健康な児童・生徒についても健康の増進に関する指導に当たるべき役割を有するもの」だと判断しています。

そして裁判所は、D小学校の校長が本件事前練習に養護教諭を参加させなかったことについて、次の通り、過失がないと判断しました。

①本件事前練習は三年生以上の児童のみが参加したものであり、D小学校には一、二年生の児童が残っていたこと。

②本件事前練習当時、二人の体調不良の児童が保健室で療養していたことが認められること。

③本件事前練習には一〇人の教師が引率・指導に当たっていたこと。

④各学校の養護教諭の人数は限られていることに照らせば、本件事前練習を実施するに当たり、養護教諭に連絡し得る態勢をとりつつ、養護教諭をその本拠地である保健室に待機させておくことにも合理性があると言うべきであるから、本件事前練習に養護教諭を参加させなかったことについて、D小学校の教師らに過失があるとは認められない。

⑥ホッケー試合中の負傷*

平成六（一九九四）年九月に行われた高体連主催の県ホッケー選手権大会の試合中に、相手高校のB選手がボールを打撃した際、そのスティックが先発メンバーとして出場した県立高校ホッケー部所属A選手の右頭部こめかみを直撃し、一生介護の必要な後遺症一級の重傷を負わせた事件である。

裁判官は、E医師の診療上の措置について医療過誤を認め、裁判上で和解が成立しました。判決は、養護教諭の法的責任はなしとしましたが、コーチCの過失を認めました。しかし、A君の傷害に対する直接の原因ではなく、あくまでも受傷後の事後措置についてであり、しかも先行するE医師の診療上の不適切な措置が存在するという点を考慮して、コーチCの過失責任を、A君の被った損害の二割の範囲に限定しました。

*——山口地方裁判所平成一一年八月二四日判決。判例時報一七二八号六八頁。

養護教諭・医務係・運送係・病院など、救急医療担当者の応急手当に関しては、裁判所は次の通り認定しました。

当初、受傷したA君は、出血の切り傷ではないので審判の声に「大丈夫です」と答え、試合終了までプレーを続けました。試合後、こぶとなった右こめかみをコーチCが氷で冷やし、A君はミーティングに参加しましたが、途中で気分が悪くなり「頭が痛い」と訴えました。知らせを聞いた養護教諭Dは「救急車を呼ぶほどではない」と判断し、コーチCにA君を近くのE外科病院まで自家用車で運ばせました。E外科医院は単にレントゲンを二方向から撮っただけで、頭痛、嘔吐などの問診を十分せずに単なる打撲と判断しました。線状骨折・急性硬膜外血種を見逃し、薬を投与しただけでA君を入院させずに自宅まで送らせたのです。コーチCは自宅まで送りましたが、途中でA君が嘔吐し、結局保護者が中央病院に入院させて後遺症の残るほどの重傷とわかりました。

第3章

Q&A こんなときどうしたら?

入澤 充

1 いじめ

Q いじめ防止対策推進法が施行されました。いじめ問題に関して、養護教諭としての対応が問われるのは、どのような場面でしょうか？

いじめ防止対策推進法（以下、いじめ防止法）は、平成二五（二〇一三）年六月二八日、第一八三回通常国会にて成立しました。この法律の特色は、議員立法で提出されて成立したところにあります。いじめ問題に、学校や教育委員会などが適切に対応できておらず、国会議員が世論に応えて、法律という形で、強制力をもったいじめ対策を行うということです。

それまでも文部科学省は、いじめが発生すると通知などを出して、各学校・教育委員会に適切な取り組みを促してきました。しかし、大津市のいじめ事件*をはじめ、痛ましい事件はあとを絶たず、通知だけでは適切な対応ができなかったのも事実です。

このいじめ防止法では、いじめとは何か、次のように定義しています（第二条一項）。

この法律において「いじめ」とは、児童等に対して、当該児童等が在籍する学校に在籍している等当該児童等と一定の人的関係にある他の児童等が行う心理的又は物理的な影響を

*——二〇一一年に滋賀県大津市内の中学二年男子生徒がいじめを苦に自殺。

与える行為（インターネットを通じて行われるものを含む。）であって、当該行為の対象となった児童等が心身の苦痛を感じているものをいう。

そして、いじめ防止対策に関して、国、地方公共団体、学校が、責務として、必要な措置を講ずること、とされました。とくに学校の教員に対して、いじめ防止対策、早期発見、そしていじめられている子どもに対する適切・迅速な対処を行う責務を課したのが、次の第八条です。

学校及び学校の教職員は、基本理念にのっとり、当該学校に在籍する児童等の保護者、地域住民、児童相談所その他の関係者との連携を図りつつ、学校全体でいじめの防止及び早期発見に取り組むとともに、当該学校に在籍する児童等がいじめを受けていると思われるときは、適切かつ迅速にこれに対処する責務を有する。

また下記のように、第一八条には、いじめる側の児童またはその保護者に対する助言や、その他のいじめ防止対策が適切に行われるように、教諭、養護教諭その他の教員を配置するように、と定めています。すなわち、養護教諭は、被害者である子どもの支援のみならず、加害者である子どものケアをも要請されている、と解釈してよいでしょう。

国及び地方公共団体は、いじめを受けた児童等又はその保護者に対する支援、いじめを行った児童等に対する指導又はその保護者に対する助言その他のいじめの防止等のための対策が専門的知識に基づき適切に行われるよう、教員の養成及び研修の充実を通じた教員の資質の向上、生徒指導に係る体制等の充実のための教諭、養護教諭その他の教員の配置、心理、福祉等に関する専門的知識を有する者であっていじめの防止を含む教育相談に応じるものの確保、いじめへの対処に関し助言を行うために学校の求めに応じて派遣される者の確保等必要な措置を講ずるものとする。

2　学校の設置者及びその設置する学校は、当該学校の教職員に対し、いじめの防止等のための対策に関する研修の実施その他のいじめの防止等のための対策に関する資質の向上に必要な措置を計画的に行わなければならない。

もしも、いじめを発見しても適切な措置がとれず、被害児童・生徒の人権を侵害した場合には、社会的非難を受けると同時に、学校管理者に損害賠償が請求されることがあります。また当然、加害児童・生徒の保護者に対しても、損害賠償請求が行われます。

養護教諭の先生は、主に保健室を中心に仕事をしているわけですから、学級担任ほど密接かつ長時間にわたって子どもたちに接するわけではありません。しかし、保健室に来た子どもの様子から、いじめを発見することもできるのではないでしょうか。そのような場合には、生徒指導担当や学級担任に報告し、適切な措置を講じる必要があるのです。

次に紹介する判例は、子どもたち自身にも、いじめ問題にどう対応するか、考えさせるものです。

東京高裁は、平成一九（二〇〇七）年三月二八日に中学三年生の生徒Xが自殺した事件について、同級生らのいじめが原因であると認定し、いじめを阻止できなかったことにより、中学校教員らの安全配慮義務違反を認定しました。さらに、いじめがエスカレートし、被害が拡大していくのは、いじめを行った者だけではなく、同級生が「理不尽な暴行を阻止せず、Xの被害の継続を放置した級友の卑怯な態度も、それ自体がいじめとして、Xが孤立感を深め、自死に至った一つの原因となったと推認することができる。」と判示したのです。
「本件は、先に見たように、暴行を加えた者だけではなく、被害者の陥った状態を放置した級友の卑怯な態度も、いじめの大きな要素であり、敢えて言えば、被害者以外の級友のすべてが加害者と言ってよい事例である。*」

裁判官の「怒り」が表された判決です。いじめがこれほど大きな社会問題、訴訟になっているのに、いったい学校現場はどうなっているのだ、という叫びともとれます。

社会から、いじめ、嫌がらせを完全になくすのは難しいと言えるでしょう。それに関連して文科省は平成二五(二〇一三)年一〇月一一日、「文部科学大臣決定」として、**いじめ防止法**第三条の基本理念に基づき、「**いじめの防止等のための基本的な方針**」を発表しました。そこでは、いじめを防止するためには継続的な取り組みが必要である、と改めて関係者に求めています。

養護教諭が、いじめ防止のために取り組むべき事柄としては、「担任の先生に言えないようなことでも相談に乗るよ」というように、児童・生徒が安心して相談できる雰囲気を常日頃から作っておくことでしょう。いじめ防止啓発のためのポスターや標語を、保健室に来る子どもたちの目に入りやすいように掲示したりすることもできるでしょう。ポスターや標語は、定期的に新しくしていくことも重要です。何年も同じものが色あせた状態で掲示されているのでは、子どもたちへの啓発にはならないでしょう。

*——判例時報一九六二号五一頁。

2　子どもの貧困

Q 私の勤務する小学校で、朝ご飯を食べないで登校する子どもが多数います。朝から保健室に来て、「先生、何か食べるものない？」という子どもが毎日のようにいるのです。赴任直後にそのような子どもが保健室に来たときには、「何もないよ」と言って教室に帰していました。でも、前任者は菓子パンなどを用意して対応していたことを知って、数か月後には私もそうするようになりました。ただ、私が食べ物を用意することで問題は解決しないのではないかと悩んでいます。

基本的な生活習慣を子どもに身につけさせることは、本来は家庭で担うべきことですが、子どもを取り巻く状況の変化から、学校でも取り組むべき課題となってきています。

まず、子どもが朝食を取らずに学校にくるのはなぜか、その原因をはっきりさせること、すなわち問題発見が最初のステップです。

「問題」には、①処置する問題（ルーティン業務）、②起こる問題（発生型問題）、③さがす問題（潜在問題）、④つくる問題（形成型問題）があると言われます。*

このうち、保健室に朝食を求めに来る子どもの問題は、②の発生型問題としてとらえることができるでしょう。保健室に朝食を求めに来る子どもの数（特定の子どもか、不特定かを含めて）と、頻度を把握したうえで、その理由を明らかにしておくことが重要です。

例えば、「朝起きるのが遅くて学校に間に合わないから食べない」、「親が作らない」、「親が

*――宮崎民雄『福祉職場のマネジメント』エイデル研究所、二〇〇二年、三九頁。

共働きで朝早く出かけてしまう」、「貧困」、「食事の好き嫌い」等々、さまざまな理由があると考えられ、それによって、対応策が違ってきます。

質問者の先生が悩んでおられるように、保健室で食べ物を提供する行為、そして常備しなければならない(?)パンや牛乳をもしも私費で購入しているとしたら、それは止めたほうがよいでしょう。それならば公費で購入するなら良いのかというと、これも適切ではありません。親が健康上の理由で朝食を作ることができないから、学校にお金を渡して依頼をする、というならば、それは許される範囲かもしれません。しかし、その場合であっても、他の子どもに対してどのような影響を与えるかも考慮しておく必要があるでしょう。

このような問題は、学校全体で解決方法を探るしかありません。特に、家庭の貧困が理由で朝食を摂ることができない子どもがいたら、事態の深刻さを認識し、喫緊の課題として、行政に積極的に働きかける必要があるでしょう。行政に働きかけるには、法的根拠を示すことが説得力を持ちます。つまり、法律の目的を相手にしっかりと説明していくことです。

行政に働きかける——子どもを守るさまざまな法律・条約

それでは、このような問題に関連する法律はどのようなものがあるでしょう。法律よりも効力性が強い**子どもの権利条約**は、第三条一項で、次のように定めています。

「児童に関するすべての措置をとるに当たっては、公的若しくは私的な社会福祉施設、裁判所、行政当局又は立法機関のいずれによって行われるものであっても、児童の最善の利益が主として考慮されるものとする。」

子どもの権利条約は国連で制定したものですから、国内法の根本基準である憲法に次いで重要なものです。日本も批准をして締約国になっているので、国内法を整備していく責務があります。さらに同条約第一八条では「親の第一義的養育責任と国の援助」を定めています。

国内法である**教育基本法**第一〇条一項でも「父母の第一義的責任」を定め、二項で家庭教育を支援するために必要な施策を講ずるよう、国及び地方公共団体に努力義務を課しています。また、平成一七（二〇〇五）年に制定された**食育基本法**では、第一九条で「家庭における食育の推進」を定めました。国や地方公共団体は「家庭における食育の推進を支援するために必要な施策を講ずるものとする」とされたのです。

これらの条約や法律は、子どもにとって最善の利益となる「措置」を行政に課しているのですから、これらを根拠として行政に働きかけることが、一つの問題解決方法です。

また、平成二五（二〇一三）年六月に制定された「**子どもの貧困対策の推進に関する法律**」第八条では、「国及び地方公共団体は、就学の援助、学資の援助、学習の支援その他の貧困の状況にある子どもの教育に関する支援のために必要な施策を講ずるものとする」と定めています。

子どもの貧困問題に関しては、経済学者・社会政策学者である阿部彩氏の著作『子どもの貧困』が参考になります。「子どもの基本的な成長にかかわる医療、基本的衣食住、少なくとも義務教育、そしてほぼ普遍的になった高校教育（生活）のアクセスを、すべての子どもが享受すべきである」という阿部氏の言葉に、私は深く共感します。*

家庭に働きかける

この問題に対応するもう一つの方法として、学校全体で問題を共有し、家庭への働きかけを行うことが考えられます。

*——阿部彩『子どもの貧困——日本の不公平を考える』岩波新書、二〇〇八年、三七頁。同氏による続編『子どもの貧困II——解決策を考える』岩波新書、二〇一四年も参照。

例えば、親が朝食を作らない、子どもが食べたがらない、という理由があげられているのならば、「朝食抜きは生活リズムを乱すことにつながる」、「体力や学力の低下にもつながる」と言われていることを、家庭にしっかりと伝えていくこと。また、子どもたちの成長には基本的生活習慣の確立が大切であることを、授業を通して啓蒙していくことも一つの方法です。

生理心理学者の佐野勝徳先生は、「子どもの育ちを豊かで、確かなものにしていくためにも、『生活リズムの確立』が、まず大切にされなければなりません」と述べ、さらに次のように書いておられます。*

「『早起き・早寝』を中心にしながら、どの時間帯にどんな活動をするかなどを含め、一日の生活の仕方を「生活リズム」と言います。食生活についても、「朝、昼、晩の食事と三時のおやつ」というリズムがあります。これも生活リズムの一つです。規則正しい生活のリズムを確立することは、子育ての基本として大切なことの一つです。」

大人たちは、「小学校低学年の子ども時代から朝食を摂らないで登校をしてきたら、成長を阻害してしまう」という危惧を持つ必要があるのではないでしょうか。一日の生活リズムを整えるために、子どもの食習慣の確立は重要な鍵になることでしょう。

文部科学省は平成一八（二〇〇六）年度から、「**子どもの生活リズム向上プロジェクト**」を立ち上げ、各関係団体の協力を得て、「早寝早起き朝ごはん」運動の全国展開を促したり、各学校種別に食育に関する指導書などを作成したりしています。これらの運動を実のあるものにするために、養護教諭と栄養教諭の協力は欠かせないでしょう。

*——佐藤勝徳『子育て子育ち生活リズム——乳幼児編』エイデル研究所、一九八六年、三七頁および七四頁。

3 部活動の付き添い

Q 私の勤務する中学校は、運動部の活動が盛んです。各部が上位成績を目指して頑張っていて、地区予選や県大会などには、私たち養護教諭も万一の事態に備えて配置されます。ただ、一部の顧問から、「練習試合だけど付き添いしてくれるとありがたい。先生が来ると生徒も安心するから」と言われ、困っています。一度でも出てしまうと、すべての部の練習試合についていくことになるのではと思って、やんわりと断っていますが、私は行ったほうが良いでしょうか?

職務命令であれば拒否はできませんが、おたずねの場合は練習試合ですから、職務命令は出ないでしょう。ですから、行く必要はありません。と、引率を要請してきた顧問に対して「冷たい」返答をしなければならない理由は、いくつかあります。

一つは、もしも引率先で先生ご自身がケガをした場合、公務災害とは認定されないのではないかという危惧があるからです。

もう一つは、質問者の先生も心配しているように、ある一つの部の練習試合に引率をしたら、他の部にもという声が必ず上がってくることが予想されるからです。

三つめは、仮に引率をした際に、生徒がケガをしてしまったときの処置をめぐって問題が起こることがあるからです。重篤な事態になった場合、その場にいた養護教諭が適切な対応をしたか否かで、責任が生じる恐れがあります。養護教諭に直接的に法的責任が及ぶわけではありませんが、負傷の状況によっては責任が追及されることがあります。そのことを、部活動の顧問とともに理解しておくことが重要でしょう。

また、いわゆる部活動手当の問題もあります。現在では、各都道府県で「教員特殊業務手当」、これがいわゆる部活動手当ですが、それが支給されているようですが、養護教諭が同僚に頼まれて引率した場合、この手当は養護教諭には支給されないのでないでしょうか。もしそうであるならば不公平になります。

引率を断れないときは

でも、部活動の顧問から熱意を込めて引率の依頼をされて、断りきれない時もあるかもしれません。その場合には、職員会議の場などで、「職務」として引率することを教職員と合意しておく必要があります。校長にも引率命令を出してもらうという方策をとっておくべきではないでしょうか。引率要請が、柔道部や剣道部の担当からであった場合は、なおさら職務命令を出してもらったほうが良いでしょう。有形力を行使して相手を倒す競技種目は、事故発生率も高く、多くの危険が内在しているからです。

そもそもスポーツには、「内在する危険」をもっているものですから、[*]種目によっては、子どもの安全確保を優先して考えた部活動の在り方を、教職員で考えておかなければなりません。ただし、学校は慣習で運営されている場面が多く、何かの時にいちいちこのような手続きを取るのは面倒なものです。日常的に、ケガのないような指導方法の確立、何か問題が発生したら迅速に対応できる組織を形成しておくことが大切です。とくに学校の管理下でない場合には、保険に加入してから部活動に臨む、という対応も必要でしょう。

*——三五頁参照。

加熱する部活動

二〇二〇年の東京オリンピックを機に、各競技団体は優秀な選手の発掘に拍車をかけています。有望な選手がいる学校では、ますます部活動が過熱してくることが予想されます。しかし部活動は、あくまでも学校教育目的の達成の一環として行われるものですから、その活動がトップアスリートの養成に変貌していくようであれば、それは教育目的からの逸脱とも言えることでしょう。

学校教育の段階で、部活動が「勝利至上主義」に陥ると、さまざまな弊害が出てきます。一つは、部活動の内部での狭い社会性は身につきますが、一般社会での社会性が身につかない、ということが挙げられるでしょう。とくに高校や大学で部活動オンリーの生活に陥ると、そのスポーツからリタイアしたときに社会的常識を持った行動ができなくなるという恐れが指摘されています。*

もう一つは、部活の長時間練習のせいで、教科の学習がおろそかになることです。

長野県教育委員会は、二〇一五年二月に「**長野県中学生期のスポーツ活動指針**」を公表しました。全国紙で、「朝練習禁止　長野県中学部活動で指針」などと大きく報道されたため、関心の高い先生方も多いことと思います。その中に、以下のような記述があります。

「生徒の自主的、自発的な参加による運動部活動は、学校教育の一環として学習指導要領に定められた活動であり、地域や学校の実態に応じ、地域の人々との協力、体育館や公民館等の社会教育施設や、地域のスポーツクラブといった社会教育関係団体等の各種団体との連携などの運営上の工夫を行うことが大切です。」

これは、今後の運動部活動の運営にあたって、たいへん重要な視点だと思います。学校部

*――菅原哲朗・望月浩一郎他『スポーツにおける真の勝利――暴力を許さない指導』エイデル研究所、二〇一三年。この中のスポーツ指導者へのインタビューを参照のこと。

活動は学校教育の一環であるが、社会教育活動でもある、としている点がポイントです。そうであれば、教員の仕事の一部として部活動をする必然性は低くなり、**スポーツ基本法**第三二条に基づき、スポーツ推進委員を各学校に配置し、指導を担当してもらうという措置をとるのが本来のありかたでしょう。

さて、部活動が「勝利至上主義」に陥ったときのもう一つの問題は、練習時間です。長野県教育委員会の指針では、下記のような活動基準を掲げています。

①疲労の蓄積を抑えて練習の効果を高めるため、平日に一日、土日に一日の休養日を設定する。
②練習試合や大会への参加等により、土日の両日、活動する場合は、休養日を他の曜日で確保する。
③平日の総活動時間は、二時間程度までとし、長くても三時間以内にする。
④休日の練習は、午前、午後にわたらないようにする。
⑤各中学校での放課後の活動時間の確保に努め、朝の運動部活動は、原則として行わない。ただし、放課後の活動が行えず、練習時間が確保できない場合には、生徒の健康や生活リズム等を配慮し、生徒や保護者に対して十分な説明と理解を得た上で、朝の活動を実施することが考えられる。なお、その場合にあってもウォーミングアップやクーリングダウンの時間が十分に取れないことを鑑み、激しい運動は避ける。

朝練習したあとに授業を受けることにより、昼休み近くになると疲労が出てきて、居眠りをしたりして学業に影響が出てくることは想像に難くありません。顧問の教員にとっても、教材研究などへの影響が出るのではないでしょうか。スポーツは勝つことを目指して行うことに意義がありますが、「勝利の意味を気づかせる指導」を心がけてほしいと思います。

そして最後に、練習試合は学校が休日に行われるのが通常ですから、部活顧問とはいえ、本来は休日を取るのが当然だということを強調しておきたいと思います。

4 アレルギー

Q 私の勤務する小学校で食物アレルギーについての調査をしたところ、数人の子どもが「アレルギーがある」と答え、「食べたあとにアレルギー症状を起こし呼吸困難なアナフィラキシーに陥ったことがある」という子どももわずかですがいました。そこで、給食が原因でアレルギー症状を起こしたときの迅速な対応として、エピペン注射*を打つ練習をしたほうが良いと思い、クラスにアレルギーの子どもがいる担任を対象に練習をすることにしました。ところが、教員歴三年目の男性教員が、注射は我々ではなく養護の先生がやるのが筋だと言って、自らは行いませんでした。もしも私が不在の時にこの担任のクラスでエピペンを打たなければならない事態が発生し、対応が遅れて重篤な事態になってしまった場合、その責任はどうなりますか?

もしも学校現場でエピペンを使用するとなったら、それは生命身体の安全確保のために緊

*——食物アレルギーとエピペンの使用については、二五頁以降および一七二頁以降も参照のこと。

急を要する場合ですので、逡巡してはいけません。担任教諭には、事の重大性を認識させ、緊急対応ができるように指導していくべきです。

アレルギー対応の基本

平成二五（二〇一三）年一二月の文部科学省の調査で、全国で四五万三九六二人の児童・生徒に食物アレルギーがあるということがわかりました。そのうちアナフィラキシーを起こしたことがあると答えたのは四万九八五五人、エピペン保持者は二万七三一二人でした。[*] このような数字からも、食物アレルギーの子どもが多くいることがわかります。

平成二四（二〇一二）年一二月、東京・調布市の小学校で給食直後に五年生の女児が食物アレルギーで死亡しました。それをきっかけに文部科学省は、再発防止のため、学校給食における食物アレルギー対応に関する調査研究協力者会議を設置し、検討をしてきました。検討会議は二〇一三年一二月に中間報告、翌年三月に「**今後の学校給食における食物アレルギー対応について**」という最終報告を出しました。

この報告は、「アレルギー対応の基本は、正確な情報把握とその共有」である、と訴えています。この認識こそ、各学校で危機管理対応マニュアルを作成する際に、基本中の基本となります。学校給食をめぐる危機管理対応では、勤務する学校で、あるいは近隣の学校と協同して、食物アレルギーの情報を把握・共有しておき、迅速な対応ができるように心がけておくべきでしょう。そして若手の教員に対しては、教育責任には「児童・生徒の生命身体の安全配慮義務」が付随していることをしっかりと認識させることが大切です。先の最終報告では、「正確な情報の共有が、食物アレルギーの児童・生徒を守るとともに、教職員の不安や負担の

*——学校給食における食物アレルギー対応に関する調査研究協力者会議資料「学校生活における健康管理に関する調査」中間報告、平成二五年一二月一六日。

軽減にもつながる」とも述べています。

事故の予防

危機管理は、未然防止と再発防止の両面から対応策をとっておくことが重要です。食物アレルギーに関しては先例があるのですから、学校は「未然防止」の観点から対応策を練っておかなければなりません。未然防止のためには、家庭との連携をとることは当然として、給食の工程、つまり調理・配膳・実施の各段階で、担当者がチェックを怠らないことです。

例えば給食実施の工程をめぐって、先の調布市の事故では、検証委員会の報告書にこのような記述があります。

「保護者、栄養士、担任との間のルールでは、おかわりの申し出があった場合担任は、除去食一覧表（担任用）（いわゆる「おかわり表」という、以下同じ。）で確認することになっていたが、担任はSさんの持っているルールとは関係のない献立表は見たものの除去食一覧表（担任用）の確認はしていない。（当日、除去食一覧表（担任用）は二階職員室の担任の机の引き出しに入っていた。）*

担任は、子どもが食物アレルギーであるという情報を持ち、認識はしていたが、チェックをしなかった。このことが不幸な事故の引き金になったとも言えるのではないでしょうか。未然防止のためには、各段階で的確なチェックを行うことが重要な鍵となります。

対応を怠ると……

事故予防をしていても、事故は起こってしまいます。その際には「最悪の中から最善を狙う」という意識で対応をしなければなりません。

*――調布市立学校児童死亡事故検証委員会「調布市立学校児童死亡事故検証結果報告書」五頁、平成二五年三月。

例えば、先の文科省の調査研究者協力会議最終報告書二頁にはこう記載されています。

「緊急時には、特定の教職員だけではなく誰もがアドレナリン自己注射薬（エピペン）の使用を含めた対応ができるように、日頃からの学校全体での取組が必要である。」

もし、アドレナリン自己注射薬を打たなかったことで、生命・身体に重篤な事態を及ぼした場合には、危険予見・回避義務から、注意義務違反を追及されることは十分にあります。生命・身体の安全配慮義務と注意義務は、教育責任に付随してくる法的責任であって、多くの学校事故裁判でもこの両方から学校・教師の責任について判断されます。例えば、学校給食で出されたそばを食べて、そばアレルギーによるぜんそく発作のため死亡した事故の損害賠償請求裁判では、「教諭は、小学校の教諭として、学校内の児童の安全を配慮する義務を負担しており」（丸点は筆者。以下同じ）と判示され、さらに、「教諭には、そばアレルギー症の重篤さと、男児に給食でそばを食べさせないことの重要性及びそばを食べることでの本件事故を予見し、結果を回避することは可能であったと認めるのが相当である」としています。同時に、教育委員会に対しては下記のように述べて、損害賠償の支払いを命じています。*

「学校給食の実施者である被告の学校に関する機関として諸機能を行使する教育委員会は、学校給食の提供に当たり、その児童に給食の材料等に起因するそばアレルギー症の発生に関する情報を現場の学校の学校長を始め、教諭並びに給食を担当する職員に周知徹底させ、そばアレルギー症による事故の発生を未然に防止すべき注意義務が存在し、教諭にも給食時に男児がそばを取らないよう注意し、男児からそばを食べてそばアレルギー症状との訴えを受けたのであるから、男児を保健室に連れて行き養護教諭に診せるとか、男児の下校時に自らないし学校職員等同伴させる等の措置を取るべき注意義務が存在したと解するのが相当であ

*――札幌地裁平成四年三月三〇日判決。判例タイムズ七八三号二八〇頁。

る。」

教職は、未来の主権者（生活者）の成長発達に深く関与する仕事です。その職責の重要性から、子どもたちの安全を守り、学校・教育委員会は、保護者が安心して子どもを信託できる環境を整備することを常に心がけておくことが大切です。

5　健康調査とプライバシー

Q　勤務する小学校で、全児童の健康・食事調査をすることになり、調査用紙を配布して、回収を学級担任の先生方にお願いしましたが、今年入ってきた新卒の教員が締切日になっても回収しません。とくに食事調査は、家庭での食事事情を把握し、給食指導に活かす目的があるので、ひとクラス抜けてしまうと計画が進みません。そこで私が督促をしたところ、プライバシーに関わることだから回収できませんと言ってきました。全校の合意で決まったことなのに、何を考えているのかときつく言いたかったのですが、新人なのでやめてしまいました。どう対応したら良いか悩んでいます。

ご質問のような勘違いをしている人は確かにいますね。私も知人から同じような話を聞いたことがあります。その知人は町のクリニックで医療事務に携わっているのですが、新人の女性看護師が、担当した患者さんがどのような症状だったかを看護師長に問われて、「個人情報ですからお答えできません」と返答したというのです。婦長がそれは違うとたしなめたら「学校でそのように教えられた」と反論をし、翌日から出てこなくなってしまったそうです。

個人情報とは？　その定義

個人情報の保護に関する法律（以下、個人情報保護法）は平成一五（二〇〇三）年に制定されました。その第二条一項で、個人情報の定義が以下のように定められています。「この法律において「個人情報」とは、生存する個人に関する情報であって、当該情報に含まれる氏名、生年月日その他の記述等により特定の個人を識別することができるもの（他の情報と容易に照合することができ、それにより特定の個人を識別することができることとなるものを含む。）をいう。」

学校で行う健康調査も個人情報になりますが、教育目的を達成するために必要な調査は行う必要があるでしょう。学校は子どもの成長・発達権を保障する教育機関です。ただ教科だけを教えるのではなく、生活指導や進路指導を行うことも求められています。そのために各種調査結果をもとに教育計画を立案・実行することがより効果性の高いものになります。各調査をする際には利用目的を正確に伝え、情報を適切に取り扱うことが重要です。例えば利用目的以外では使用しない。データを集計したら保管を厳重にし、外部への持ち出しは絶対にしない。そういう合意形成を教職員の間で行っておくことです。

とくに食事調査は家庭の状況がわかってしまいますから、個人の特定はできないようにすることが重要です。そのようなことを保護者にも説明して、それでも答えられないという回答が来たら、それは保護者の考えを尊重すべきです。しかしご質問のような事例では、食育の重要性から保護者に丁寧に説明をし、理解をしてもらうことが大切です。

以前、教育実習の指導のためにある中学校を訪問したとき、階段の踊り場に、家庭での朝食と夕食の内容が写真で展示されていたのを見たことがあります。もちろん、誰の食事かわからないように工夫されていましたが、各家庭でどのような食事をしているか知っておくことも必要な時代になっているのかもしれません。*

食育の重要性を訴える

ご質問の事例では、その新人の先生に、食育の重要性を理解してもらうよう指導したらいかがでしょうか。**食育基本法**は平成一七(二〇〇五)年に制定されました。その前文にこのような箇所があります。

「子どもたちが豊かな人間性をはぐくみ、生きる力を身に付けていくためには、何よりも「食」が重要である。今、改めて、食育を、生きる上での基本であって、知育、徳育及び体育の基礎となるべきものと位置付けるとともに、様々な経験を通じて「食」に関する知識と「食」を選択する力を習得し、健全な食生活を実践することができる人間を育てる食生活を推進することが求められている。」

また同法第二〇条では、国及び地方公共団体が「学校、保育所等における食育の推進」をするために、指針の作成や啓発活動を講ずるように定めています。もしも、国や地方公共団体が「食育の推進のための指針の作成に関する支援、食育の指導にふさわしい教職員の設置及び指導的立場にある者」に食育推進施策を講じないようならば、教育関係者のほうから、積極的な施策を立案するよう働きかけていくことが、食育基本法の精神を活かすものになると私は思います。そのためには、第二〇条にあるように教職員自身または保護者の「意識の啓発」

*――なお、学校現場における個人情報については、前橋市教育委員会編『教職員の個人情報取扱の手引』(学陽書房、二〇〇六年)が参考になる。

や「その他の食育に関する指導体制の整備、学校、保育所等又は地域の特色を生かした学校給食等の実施」をすることが必要ではないでしょうか。

その一環として、家庭での食事調査などは有効な手立てとなるでしょう。栄養教諭が配置されていれば良いのですが、いなければ、養護教諭の先生方が、家庭科の先生方、栄養士などと協働して、食育基本法の意義を活かし、子どもの成長発達保障の面から、学校と家庭の連携をとるべきだと思います。

新人教員の職能成長を促す

学級担任になれば、新人とはいえ、子どもたちにとってはその先生が「絶対的存在」になります。ですから、間違った考え方で子どもたちに接すると、子どもが混乱してしまいます。教師は「崇高な使命を果たす役割」（教育基本法九条一項）があります。そのためには、研究や修養が欠かせません。

具体的な研修方法としては、勤務する職場で、実際の仕事を通して教育訓練を行うＯＪＴ*や、勤務場所を離れて研修を受けるＯＦＦ-ＪＴ**などがあげられます。私は、学校現場で新人を育成するにはＯＪＴが最も効果的と思っています。ただし、そのためには、先輩教師や上司が研修スキルを身につけておかなければなりません。ただ黙って見ていろ、真似をしろ、といった姿勢では、新人は育ちません。目標を掲げ、具体的な指示を心がけることが大切です。

ご質問にあるような先生には早期に対応し、勘違いと思い込みを正していく必要があります。新人の中には、人に注意されたり指導されることを嫌がる人がいるかもしれません。と

*――オン・ザ・ジョブ・トレーニング (On the Job Training)

**――オフ・ザ・ジョブ・トレーニング (Off the Job Training)

くに難関を突破して採用された教員は、プライドも高いでしょう。ですから先輩教師としては、ハラスメントにならないように留意しながら、食育の大切さを説き、学校もその役割を果たさなければならないことを確認させることで、勘違いや思い込みを解くようにしましょう。学校が「自他の敬愛と協力」(教育基本法第二条三項)によって運営されていけば、全体が活き活きと風通しよくなっていくでしょう。教員のチームワークが良い学校では、子どもたちも安心して過ごすことができます。新人教師は長い目で見て、育ててください。

6 生徒の体調異変と保護者への連絡

Q 男子高校生が放課後に、熱があり、頭が痛いと言って保健室に来ました。体温計を渡して測らせたところ、三八度もありました。私は、すぐに帰宅し病院に行きなさいと言いましたが、部活があるから病院に行けないと言うのです。顧問には私が言うからと言ったのですが、私の言葉を無視して出て行ってしまいました。体調の悪い生徒を学校に残したり、一人で帰宅させたりすることに、不安があります。万一のことがあったら、私たちに法的責任が及ぶのでしょうか。また体調の悪い生徒には病院に行くことを勧めたり、保護者に連絡をしたほうがいいのでしょうか。

ご質問の内容に関連する裁判例があります。福島地方裁判所で平成二〇(二〇〇八)年一一月一八日に出された判決です。高校の校舎内で意識を失った高校生が、病院に搬送され診療を受けたのですが、ウイルス性脳炎による後遺障害を負ってしまいました。保護者は、この後遺障害を負ったことについて「医師らが、ヘルペス脳炎の可能性を認識し得たにもかかわらず確実な鑑別のための検査をして治療を開始するなどの義務を怠った結果」であり、「また、高等学校の教職員が、診断に有益と考えられる諸情報を病院等に正確に伝達するなどの安全配慮義務を怠ったこともその一因であるとして」、被告ら（地方公共団体、医療法人、医師）に対し、**国家賠償法**第一条一項等に基づき損害賠償請求をしました。*

高熱を訴えて保健室に来たが病院に行かず、脳炎による後遺症が残った高校生の判例

この事件の内容を詳しく見ていきましょう。

「原告生徒は、七月八日午前八時四〇分頃、高校の保健室を訪れ、検温したところ、三八度の熱があった。養護教諭は、熱を下げるため、袋に氷を入れて原告生徒に渡した。原告生徒は、その氷を交換するため、同日、合計四回にわたり、保健室を訪れた。養護教諭は、原告生徒に対し、再三、熱も高いので早く帰って病院に行った方がいい旨を告げたが、原告Aは、吹奏楽部の部活動のため、午後七時頃に帰宅した。」

翌日、生徒は母親に対して発熱と頭痛を訴え、学校を欠席します。この日は病院には行かず、市販の鎮痛解熱剤を服用して自宅で寝ていました。夕方、生徒の体温は三七度台まで下がりましたが、午後一〇時頃に三八度台まで上昇したため、母親は、生徒に解熱剤を投与しました。さらに翌々日、生徒は午前六時頃起床しましたが、母親は生徒に対し、熱があるので学校を休んで病院に行くよう説得しましたが、生徒は、今日中に提出しないと赤点になる

*——最高裁判例検索ページ。

課題があるなどと言って口論となり、結局、登校しました。

登校した午前八時三五分頃、女子生徒が職員室を訪れ、人が倒れていると告げます。養護教諭が、保健主事及び体育の教諭二名とともに向かうと、生徒が廊下に大の字に倒れていました。養護教諭は生徒の名前を呼んだり「大丈夫」などと呼びかけて状態を確認したところ、生徒は息をしており、脈も正常で、呼びかけに対して目で反応する状態でした。養護教諭は、生徒にてんかんの既往がないことや、手足のけいれんが見られないこと、意識ももうろうとしていたものの反応はあったことから、生徒を担架に乗せて保健室に搬送しました。

保健室に着くと養護教諭は生徒の体温を測り、タオルで頭部を冷やします。このとき生徒の体温は三八度でした。同じころ同僚の教諭は生徒の保護者（母親）に電話をかけ、生徒が倒れ保健室で休んでいるのですぐに学校へ来るよう依頼をします。母親が高校へ来るまでのあいだ、生徒の友人らが保健室を訪れ、生徒に声をかけるなどしてくれていました。このとき生徒は言葉を発することはありませんでしたが、うなずくなどの反応を示していました。

午前九時頃、母親が高校に到着すると、養護教諭は母親に対して生徒が倒れた状況を説明し、倒れたときに頭を打った可能性があり、また、熱があるのに病院を受診していなかったことから、病院に行くよう勧めます。母親が生徒に対し、名前を呼んだり、「病院行くよ」などと呼びかけると、生徒はみずから起きあがり、「お母さん」と言い、玄関まで自力で歩いていき、母親とともにタクシーに乗って病院へ向かったのです。

しかし残念なことに、この生徒はウイルス性脳炎による後遺障害を負ってしまいました。

病院への搬送の付き添い、保護者への連絡

この事件における養護教諭や同僚教諭は、できうる限りの対応を行ったと私は思います。母親はその後、もう少し適切な対応をしてくれればと損害賠償請求に踏み切るのですが、裁判所の判示は以下のようなものでした。

「一般に、学校の教職員は、学校における諸活動によって生ずるおそれのある危険から児童・生徒を保護すべき義務を負っているところ、教職員が、上記義務の履行として、保護者の対応を要請して生徒・児童を引き渡すか、直ちに医療機関に搬送する措置を採るべきかは、事故時の状況、事故後における児童・生徒の行動・態度、児童・生徒の年齢・判断能力、予想される障害の種類・程度等の諸事情を総合して判断すべきである。」

そして「保護者に生徒・児童を引き渡す場合には保護者に対し、医療機関へ搬送する場合には医療機関に対し、事故時の状況等を通知し、その後の対応に有益な情報を、必要に応じて適切な方法により提供する義務があるというべきである」と言います。

これは重要な視点です。病院搬送後、的確な診察を受けるためにも、学校及び教諭らは生徒の状態を正確に把握していなければなりません。そのためには、メモをとることは当然として、複数の教員で対応する必要があります。もしこれが小学生や中学生であったら、病院に搬送する際には、事情をよく知った関係者が付き添っていくことが最善の処置でしょう。

そして、保護者への連絡は必ずすべきです。裁判所の判断は分かれるところですが、親から信託をされて子どもたちの学習権を保障している学校としては、子どもの安全は保護者の安心につながりますので、とくに義務教育段階では、病院に搬送するような事態は当然として、小さな事故であっても家庭への連絡は欠かさない体制をとっておくべきです。また教諭

らも常日頃からそのような態勢（心構え）であるべきでしょう。

さて、この事例は学校の安全配慮と注意義務という点からも、重要な問題を提起しています。それについては、第4章一五〇頁以下を参照してください。

7 学校事故訴訟に備える

Q 私の勤務する高校は、幸いに、これまで生徒たちに損害が及ぶような大きな事故はありません。しかし近隣の学校で柔道部活動中の事故が裁判に発展したと聞いて、体育の先生方と、気をつけなければいけないと話していました。私は養護教諭になってまだ経験が浅いので、学校事故訴訟の仕組みが十分理解できていません。もし、学校事故が訴訟になった場合、どのようなことが争点になるのでしょうか。私たちが日常留意しておくべきことはありますか。

学校事故が訴訟に発展してしまうのは、まず、学校の対応の拙さからが多いようです。かつて私が調査をしていた学校事故裁判では、学校側が事故の原因を明らかにせず、口をつぐんで周囲にも箝口令《かんこう》を敷いてしまったため原因究明が進まず、訴訟に踏み切ったという例もありました。

事故が発生したとき、被害者の保護者がまず最初に聞きたいことは、「なぜ、事故が起きたのか」ということではないでしょうか。朝、元気に登校したのに、学校から事故にあったのですぐに来てほしいという連絡があったら、どんな気持ちになると思いますか？

我が子の顔を見るまでは、とにかく無事でいてほしいと願い、事故の様子や、生命に関わることなのかどうか、もし後遺症が残るような事故だったらどうしよう、などなど、駆けつける途上ではさまざまなことが脳裏に浮かぶと思います。

そのようなとき、学校側の対応が誠実でなかったら、例えば、駆けつけてきた保護者を気遣う言葉も謝罪もなく、「私どもの責任ではありません」、「原因はわかりません」といった言葉が第一声であったとしたらどうでしょう。

社会的に非難される「不法行為」

学校事故が社会に大きな衝撃を与え、教師の行為が社会的非難にあたるような場合、かつ犯罪として成立する要件を満たすと判断された時には刑事事件に発展することがあります。ただ、学校事故裁判は民事責任を問う例が多く、その場合には、不法行為責任、債務不履行責任から損害賠償請求がされていきます。

公立学校の教師の行為が原因であれば、主として**国家賠償法**第一条一項を根拠にして裁判を提起します。その際には、以下のことが「不法行為」の成立要件となります。*

①当該行為の主体が、国又は公共団体の公権力の行使に当たる公務員であること。
②公務員の職務行為であること。
③当該職務行為に違法性があること。

*――国賠訴訟実務研究会編『改訂国家賠償訴訟の理論と実際』三協法規、平成一二年、一九頁。

④公務員に故意又は過失があること。
⑤被害者に損害が発生したこと。
⑥公務員の行為と損害との間に因果関係の存在すること。

安全配慮義務と注意義務

不法行為責任を判断する際に根拠とするのは、教育活動中、子どもたちの生命・身体の安全配慮義務、さらに危険予見・回避義務、危険行為制止義務、指導監督義務等の注意義務を果たしていたか否かです。それは、部活動中でも同様です。

高校生が部活の試合中に負傷した事故をめぐり、山口地裁は注意義務について以下のような最高裁の判決を引用して判示しました。*

「一般に、課外クラブの クラブ活動であっても、それが学校の教育活動の一環として行われるものである以上、その実施については、顧問の教諭を始め学校側に、生徒を指導監督し事故の発生を未然に防止すべき一般的な注意義務があると解される。**」

つまり教師は、生徒を指導監督している際に、危険な目に遭わないように事故を未然に防止する義務があるのです。ここで「一般的な」とは、社会通念から見た時にその場面でとるべき注意行動です。例えば「危険なことはしてはいけない」「ルールを守ろう」等々がそれにあたります。個々の場面でその活動に見合った注意をするということです。

一方で、低学年の子どもや、運動経験の浅い子、運動能力が高くない子どもたちを指導する場合には、高度の注意義務が求められます。つまり、具体的に注意をする必要があるのです。そのために教師は一人ひとりの子どもの個性を把握しておく必要があります。

*――山口地方裁判所平成一一年八月二四日判決、判例時報一七二八号六八頁。

**――最高裁判所第二小法廷昭和五八年二月一八日判決、民集三七巻一号一〇一頁参照。

さらに山口地裁は、安全配慮については次のように判示します。

「一般に、直接の契約関係にない当事者間においても、当事者の一方が事実上他方を自己の支配管理下におき、両者の間に指導監督関係ないしそれに準ずる特別な社会的接触関係がある場合は、右当事者の一方は他方に対し安全配慮義務を負う場合があるものと解される。」

在学契約関係があろうとなかろうと「当事者の一方が事実上他方を自己の支配管理下」に置く場合には、支配管理するほうには安全配慮義務があるのです。

柔道部活動における注意義務

質問者の先生は、近隣の学校で柔道事故が裁判に発展したと言っておられますが、柔道部活動中の事故責任について、最高裁の判示があります。*

「技能を競い合う格闘技である柔道には、本来的に一定の危険が内在しているから、学校教育としての柔道の指導、とくに、心身共に未発達な中学校の生徒に対する柔道の指導にあっては、その指導に当たる者は、柔道の試合又は練習によって生ずるおそれのある危険から生徒を保護するために、常に安全面に十分な配慮をし、事故の発生を未然に防止すべき一般的な注意義務を負う。」

また東京高裁は、「指導教諭としては、健康状態や体力及び技量等の当該生徒の特性を十分に把握して、それに応じた指導をすることにより、柔道の試合又は練習による事故の発生を未然に防止して事故の被害から当該生徒を保護すべき注意義務を負う」と判示しています。**

こうした判例を、部活動指導者と共有しておくことが大事かと思います。そして、部員が自己及び他者の体調を抵抗なく訴え出てくることのできる雰囲気づくりを常日頃からしてお

*——最高裁判所平成九年九月四日第一小法廷判決、判例時報一六一九号六〇頁。

**——東京高等裁判所平成二二年一二月一七日判決、判例時報二〇九七号三七頁。

くこと、万が一、頭部に強い衝撃が加わったような場合には、重篤な事態がのちに起こる可能性も考えて、迅速な対応がとれる心構えを常にもっておくようにしておくべきでしょう。

さらに事故が発生したら必ず、5W1Hの手法、すなわち「いつ（When）、どこで（Where）、だれが（Who）、なにを（What）、なぜ（Why）、どのように（How）」の手法で記録をとっておき、その記録は一〇年以上は保管しておくことをお勧めします。

8 裁判に備えて保険に入る？

Q 職員会議で校長から、「先生方も今後、学校事故やいじめ裁判に備えて保険に入ったほうが良いのではないか」という話がありました。私たち養護教諭の研修会などでも「保険」が話題になることがあります。裁判に備えてと言われても、私たちが被告になって実際に損害賠償を請求されることはあるのでしょうか？　保険とはどのような保険なのでしょうか？

学校管理下で子どもたちが死亡したり重篤な事態に陥る災害が発生すると、刑事責任、民事責任が問われることがあります。

刑事責任は、学校事故の場合、例えば教師の指導によって子どもたちの生命・身体に重大な損害が発生し、かつその教師の指導行為に道義的責任があり、さらに社会的非難に値し刑罰を科すことが正義だと捜査機関が判断した場合に問われる可能性があります。例えば、体罰は今後、教師個人が刑事責任を問われる可能性が高くなるのではないかと推察されます。さらには、熱中症予防を怠り教育活動中に子どもが被害にあった場合なども、同様に学校の刑事責任が問われることになると思います。これらはいずれも業務上過失責任が問われることになりますが、体罰に関しては、暴行罪、傷害罪なども問われます。

民事責任は、教育活動中、教師が注意しなければならない義務、例えばいじめをしている子どもを指導監督しなかったり、体育の授業中に予想される危険を予見・回避しなかったり、休み時間などに危険な行為をしているのに制止せずに子どもの生命・身体に重大な被害が及び、精神的・身体的に損害を受けた場合に、損害賠償請求がされることです。

これらの裁判で教員個人の法的責任が追及された時への対応保険として、「弁護士費用保険」、「訴訟保険」などの保険があるようです。

教師個人が刑事責任を問われるような場合や、教師自身が行政処分を受けた場合、つまり懲戒処分を受けそれが不当だと思って撤回を求める際には、これらの保険は有効でしょう。

教師は個人として責任を問われるか？

民事責任の場合、たとえば公立学校で損害賠償請求裁判が提起された場合に、主として**国家賠償法**を根拠として訴訟が展開されます。その一条は、損害賠償を負担するのは国または公共団体と定めています。ですから教師個人が直接損害賠償を請求されることはありません。私立学校においても同様で、学校事故の法的責任は、教師個人に及ぶものではないのです。

つまり、教師は「履行補助者」であり、本来の債務を負う国や地方公共団体、私学であれば法人が、直接的な責任を負うのが原則だからです。例えば公立学校であれば、地方自治体が設置し、運営し、債務を負います（教育における「債務」とは、子どもたちの生命・身体の安全を保持することなどです）。実際に子どもたちに教育指導をするのは資格を有した教員です。自治体自身が子どもたちに教育指導をすることはできません。自治体は教員を採用し教育に従事してもらうことになりますから、教師は「履行補助者」になるわけです。

裁判でも以下のように判示しています。*

「公権力の行使に当たる公務員がその職務を行うにつき故意または過失により他人に損害を与えた場合には、国または公共団体が賠償の責めに任ずるのであって、当該公務員個人は直接に被害者に対し賠償責任を負担しない。」

ちなみにこの判決は、部活動中に顧問教師が体罰や暴言を繰り返し、女子部員を自殺に追い込んだ事例です。同判決はその理由について「当該公務員個人にまで直接責任を肯定しても、それは被害者の報復感情を満足させるにすぎないところ、損害賠償制度は本来損害の塡補が目的であって加害者に制裁を加えることを目的とするものではなく、そのような報復的な賠償責任を認めるのは妥当ではない。」と判示しています。

また、中学校柔道部活動で、顧問と乱取り練習中に頭部を負傷し急性硬膜下血腫で死亡した生徒の保護者が、校長と顧問教諭にも損害賠償を求めた裁判で、原告は民法七〇九条の不法行為責任が認められるべきであると主張しましたが、「被告は、公務員として職務を行うについて亡X及び原告に損害を与えたものとみるほかはないから、個人としての責任を負うことにはならない」と判示しています。**

*――岐阜地方裁判所平成五年九月六日判決、判例時報一四八七号一〇六頁。

**――大津地方裁判所平成二五年五月一四日判決、判例時報二一九九号七八頁。

保護者対応と体罰

保護者から理不尽と思われるクレームを受けた先生方もいるのではないでしょうか。そのような場合、教師の行為が正しいと思っても、堪え忍ぶしかないのが現実です。保護者の行為が許せないということになったとしても裁判は避けたほうが良いと思いますが、精神的苦痛から病気になってしまい、教師としての仕事に支障を来すようなことになった場合には、上記保険の活用は意味があるでしょう。しかし教育は、学校・教師と子どもたちや保護者らとの信頼関係を基礎として成立しているのが原則ですので、私は訴訟に持ち込むことはお薦めしません。

もう一つ、日常的に留意しなければならない問題があります。それは前述した体罰裁判です。教師が教育活動中に懲戒権の限界を超えて体罰を行い、子どもに重大な損害を与えた場合であっても個人的には民事責任を問われることはないと言いましたが、今後、設置者が税金で「損害賠償金」を負担するのはおかしいという声が社会的に高くなってくることも予想されます。そうなれば国や公共団体は**国家賠償法**第一条二項*を適用して、加害者に対して求償権を行使してくるかもしれません。

また、地方自治法に基づいて住民監査請求がされ、損害賠償金負担の返還といった訴訟**が提起されるかもしれません。世論は体罰に関しては敏感になっている、ということを知っておいたほうが良いでしょう。

これらに対応するためと考えれば、保険加入は合理的な考えになると思います。

ただし、学校事故を裁判で解決するのは最良の方法とは言えません。先に紹介した体罰事件、柔道部事件とも、被害者の感情としては納得しがたい部分があると思いますが、教師個

*——公務員の故意または重大な過失から相手に損害を与えた場合、賠償金を負担した側から求償できる旨定めている。

**——大分地方裁判所平成一八年一〇月二〇日判決は県に求償権行使をするよう命じた。なお、本件は被告側(県)が控訴したが、福岡高裁は平成二九年一〇月二日に第一審判決を支持する判決を出した。

人に損害賠償を請求することが増えてくると、教員は萎縮し教育責任を十分に果たしていくことができなくなります。そのことも十分に考慮するべきです。

9　保護者のクレーム①　訴訟に発展させないために

Q　ある日、二時間目が始まってすぐに、二年生の女子児童が担任の先生に連れられて保健室にやってきました。女児は右眼を押さえ「痛い」と言って泣くばかりです。担任の話によると、クラスの元気のいい男児が自分のハンドタオルを振り回していたところ、女児の右眼にあたってしまった、とのことでした。女児の眼を見ても、腫れたり赤くなったりはしていませんでしたが、女児に「眼医者さんに行く？」と訊いたうえで、担任に、保護者に事情を説明しこれから眼科に連れていくと連絡するよう、指示しました。校医である眼科医に女児を連れていくと、そこにはすでに女児の母親が来ていて、すごい剣幕で「いったいどういうこと！　失明でもしたらどう責任とってくれるの！」と私に抗議をしてきました。私はただひたすら頭を下げて謝罪するばかりでした。幸いに診断は異常なしとのことでその日は帰宅しましたが、このような場合、あとの対応はどのようにしたらよいでしょうか？

先生が行った処置はとてもよいと思います。眼科に連絡し連れていくこと、担任から保護者に連絡をすること。そこまでは何ら問題はありません。こういう場合の保護者の怒りは、「安全であるべき学校で、なぜ娘がケガをした」ということに尽きると思います。対応を間違えると、現在では訴訟にまで発展する可能性があるということは、認識しておいたほうがよいでしょう。

私自身は、訴訟になったら、子どもにとってその後の学校生活が大変になるだろうと思ってしまうので、できるだけ当事者同士の話し合いで解決を図るほうがよいと思います。もしも当事者同士で話すのが難しい場合は、代理人を立て、弁護士同士で話し合うという方法もあります。しかし現在では、教育委員会などが、学校事故問題の相談窓口を常設することを考えておくべき時代になっていることも事実でしょう。

保護者が損害賠償を求めた二つの裁判例

学校教育活動中、眼に負傷を負った事故で、保護者が学校側に損害賠償を求めた最高裁判決があります。そのうちの二つを紹介し、学校のとるべき対応策を考えてみましょう。

参考判例①

小学校の体育の授業としてサッカーの試合を行っていたところ、至近距離から蹴られたボールが六年生男児の眼部を直撃し、その男児は一年あまり経ってから網膜剥離により失明をしてしまったという事故の裁判です。

ボールが男児の眼にあたったとき、教諭はすぐに駆け寄り、「大丈夫か。保健室に行ったらどうか」と声をかけました。男児は「眼は大丈夫だから、試合ができる」と答えて最後まで元気に試合を続けたそうです。教諭は試合終了後に、そしてさらに第三校時の授業開始時に、重ねて「大丈夫か」とたずねましたが、男児は「大丈夫です」と答えた、とのことです。

その後、中学生になってからこの男児は網膜剥離を発症し失明してしまいました。保護者は、この時の事故の状態を家庭に連絡をしなかったことは過失である、として損害賠償請求を行いました。

最高裁は「上告人は、本件事故当時一二歳の小学校六年生であつて、本件のような事故に遭つたのちに眼に異常を感じた場合にはその旨保護者等に訴えることのできる能力を有していた」、「本件事故後、上告人には外観上何らの異常を認められず、上告人も眼に異常がないと言明していたのであり、しかも、上告人が異常を感じてもあえてこれを訴えないことを認識しうる事情があつたものとは認められないのであるから、もし、のちに上告人が眼に異常を感じたことを訴えたときには保護者が適宜の措置を講ずることを期待することで足りたものというべきである」として、保護者側の主張を退けました。*

この裁判では、以下のようなことが明らかにされました。男児は「実際には試合が終わった頃から時折右眼に稲妻が走るのに似た感覚を覚えるようになり、一か月後には右眼の焦点がぼけ、対象を明確にとらえることができない状態」になっていたようです。ですが、男児は「サッカーをして負傷したことが保護者に知れれば、サッカーの選手になる希望を阻止されてしまうことにもなりかねないので、自然に治癒することを期待して」保護者にも教諭にも眼の異常を訴えなかったのです。

*——昭和六二年二月一三日最高裁第二小法廷判決。最高裁判例検索ホームページ。

参考判例②

小学校三年生の男児Aが、朝自習の時間帯に、ロッカーから落ちていた自分のベストのほこりを払おうとして頭上で振り回したところ、別の女児の右眼に当たってしまい負傷した事故の裁判例です。女児及び両親が、学校設置者に対して、教諭が指導監督上の義務を怠った過失であるとして、損害賠償請求をしました。

原審は、「小学校の担任教諭は、職務の性質及び内容からみて、教室内の各児童に対して注意力を適正に配分してその動静を注視し、危険な行為をする児童を制止したり厳重な注意を与えるなど適切な指導を行い、児童を保護監督して事故を未然に防止する義務がある」と認定し、学校設置者側に損害賠償の支払いを命じます。

しかし最高裁は、男児Aが「日常的に乱暴な行動を取っていたなど、担任教諭において日頃から特にAの動静に注意を向けるべきであったというような事情もうかがえ」ない、「ベストを頭上で振り回す直前までのAの行動は自然なものであり、特段危険なものでもなかったから、他の児童らに応対していた担任教諭において、Aの動静を注視し、その行動を制止する注意義務」はあったとは言えないとして、保護者側の主張を退けたのです。*

裁判ではなく、話し合いによる平和的解決を

判例①のサッカー試合中の事故事例について、この男児がサッカーを続けたかったという気持ちは、よく理解できます。しかし、顔から上への打撃（腹部も強い打撃だとしたら）は、やはり迅速な対応が必要です。判例②の女児の眼の負傷事故については、もしかしたら、学校側と保護者の話し合いがあれば防げた裁判ではなかったかと推測します。ただ、現代社会では、

*――平成二〇年四月一八日最高裁第二小法廷判決。最高裁判例検索ホームページ。

学校側が誠意を尽くしても訴訟になることはしばしばあります。

私自身は、学校事故で、重篤でないケガ、あくまでも軽くて子どもの将来にまったく支障がないようなものを裁判にすることには同意できません。裁判をすることは人々の権利であることは理解していますが。学校教育は、子ども、教師、保護者、地域の信頼関係が基盤にあって初めて成立するものですから、万が一、事故が発生してしまったら、被害者の心情に思いをいたし、誠実に対応し、あくまでも平和的解決を求めるべきだと思います。そのためには日頃から、学校活動を保護者に理解してもらう努力が大切でしょう。

10 保護者のクレーム②　校長の役割

Q 私は小学校の養護教諭になって二年目です。先日、保健室に突然、三年男児の母親がずかずかと入ってきて、「うちの子どもがケガをしたのに、絆創膏を貼っただけとは何事だ」とすごい剣幕で詰め寄ってきました。私には心当たりがないことなので、きょとんとしていたら、「どうして病院に連れていかない」とたたみかけてきました。私はすぐに校長室に内線電話をかけ、来てくれるように頼んだのですが、校長に、いま手を離せないと言われてしまいました。このようなとき私はどう対応したらよいのでしょうか？その後わかったのですが、その男児は校庭で転んで右膝をすりむいてしまい、担任が応急処置として絆創膏を貼ったことがわかりました。

それはさぞお困りだったことでしょう。校長先生の対応には、首をかしげざるを得ませんね。

このような場合、第一に大切なのは事実の把握ですが、怒り心頭の母親への対応も必要です。まずは、相手を落ち着かせることです。私も近ごろようやくできるようになったことですが、相手に注意するとき、あるいは、相手が困った顔または怒った態度を示している時には、柔和な表情をするよう努めています。冷静に、そして誠実に対応することが基本です。

あとになってから、担任教師が、持っていた絆創膏で対応したことがわかったとのことですが、その時にしっかりと傷口を洗ったのかどうかは気になるところです。また、小学三年の子どもですから、担任は連絡帳などにケガの様子を書いて、保護者に連絡すべきだったかもしれません。

保護者のクレーム増加は全国的な傾向

保護者が直接、学校に乗り込んでくるのは、近ごろ顕著になった現象です。その背景には「自子中心主義」が蔓延しているからだと大阪大学大学院の小野田正利先生は分析しています[*]。親が、我が子が絆創膏を貼って下校してきたのを見て、原因も訊かずすぐに学校の対応が悪いと思ってしまうような例は、たくさん見聞きします。絆創膏を貼ったのは保健室にいる養護教諭に違いないとストレートに思い込み、行動に移すということは、案外、学校の仕組みを知っている親かもしれません。

私は二〇〇九年に、前任校の群馬大学大学院で、ゼミの院生(現職教員)たちと群馬県の小学校・中学校・特別支援学校への悉皆調査[**]を行いました。

*——小野田正利『悲鳴をあげる学校——親の"イチャモン"から"結びあい"へ』旬報社、二〇〇六年、二二頁。

**——清水和夫・入澤充『教育現場における保護者との連携体制の構築に関する調査』、二〇一〇年。この研究は前掲の小野田正利教授を代表とする平成二一(二〇〇九)年度基盤研究A(一般)「保護者-学校間の困難状況解決のためのサポート体制構築に関する学際的・総合的研究」の一環として行った。なお、調査対象者は五一九校(当時)の管理職一名及び三名の教員。のべ二〇七六名、有効回答者数は一八七四名(九〇・三パーセント)。

「対応に苦慮する保護者からの要求」を受けたことがあるか否か質問をしたところ、小学校では五〇パーセント以上が「ある」と回答してきました。中学校で四〇パーセントです。また、「保護者からの対応に苦慮する要求により、精神的な負担を感じたか」と聞いたところ、「大いに感じた」が五五パーセント、「少し感じた」が約四二パーセント。合計すると九七パーセントの先生たちが、精神的な負担を感じたと答えていました。年齢別に見ると、とくに二〇歳代、三〇歳代の教員が、負担が大きいと感じていることが明らかになりました。

ご質問の先生は養護教諭になって二年目とのことですから、大いに負担になったのではないでしょうか。若い世代が対応に苦慮していたら、「同僚性」と「協働性」でもって負担を分かち合えるような組織風土を常日頃から作っておきたいものです。そのような風土があれば、その学校はシナジー効果*でより良い成果が得られることでしょう。

さて、上記の調査では他にも、「困難な問題が発生した際、個人で対応する時に、まず誰に相談するか」ということも質問しています。回答によると、担任は、学年職員、教頭、校長の順で相談をしていることがわかりました。担任外の先生方は、教頭、学年職員、校長の順になっています。また、「困難な問題が発生した際、個人で対応する時に、一番頼りにできるのは誰か」という質問に対しては、担任、担任外とも、校長、教頭、学年職員の順で、校長が一番頼りになると回答しています。

学校で一番頼りになるのは校長という意識があったからこそ、ご質問の先生は、校長室に内線電話をかけて、助けを求めたのでしょう。

*――シナジー効果とは、一人一人が別々に対応するよりも複数が協働して事に当たることで、一＋一＝二以上の成果が得られること。

校長の果たすべき役割

校長の職務について、**学校教育法**は第三七条四項で「校長は、校務をつかさどり、所属職員を監督する」と定めています。「校務」とは学校全体の仕事のことを指します。また「つかさどる」というのは、職務として取り扱うという意味や、管理する・支配するという意味があります（『岩波国語辞典』第五版より）。所属職員を監督するということは、気持ちよく働いてもらえるように管理するという意味が含まれています。ですから、ご質問の場合の校長の対応としては、いくら手が離せない状況であっても、どのような状況であるかを確認し、教頭、教務主任、学年主任、保健主事などに、対応をするよう指示をすべきです。

校長は、学校組織を活性化させ、チームとして機能するように、的確なリーダーシップを発揮しなければなりません。リーダーシップとは、強権を持って職員を従わせるということではなく、状況によって的確な指示や行動ができるということです。

一方で、若く経験の浅い教員であっても、緊急事態に遭遇したときには、報告・連絡・相談を的確にできる技術も持っていなければなりません。もしかしたら、ご質問の先生は、要領の良い状況説明ができなかったために、校長がいわゆる「けんもほろろ」の態度を取ったということも想像できます。

ただ、緊急事態が発生した時に要領よく報告しろというのは無理かもしれません。そこで、学校独自の「符帳」、つまり学校教職員だけに通じる言葉を用意しておくのはいかがでしょう。そうすればクレームをつけに来た人を刺激しないですむかもしれません。

11　校則違反

Q 私は養護教諭になって五年目、私立の女子中学・高校に勤めています。本校は校則を守ることを徹底していますが、時にはピアスをしたり、髪を染めたりする生徒がいます。髪を染めてきた場合には、保健室で元の髪の毛の色に染め直すという決まりもあります。その時は私も立ち会うのですが、髪を学校が染め直す行為は違法にはなりませんか？　染め直すことは校則には書かれていませんが、保護者には徹底して伝えてあります。

生徒が学校の規則に違反した場合、規則を守るよう指導をするのは当然ですが、学校側が本人の同意なしに髪の毛の色を染める行為を行った場合には、不法行為責任追及などの法的問題に発展するおそれがあります。染髪ではありませんが、学校で禁止されているパーマをかけて処分を受けた女子高校生が、学校を訴えた事例もあります。裁判は学校側の勝訴となりましたが、このような裁判は、学校教育の目的をかんがみて避けるべきと私は思います。校則違反を繰り返し、注意しても効果がない生徒には、毅然たる姿勢を示す必要もあるかと思いますが、丁寧な指導を心がけるべきでしょう。

校則とは

学校運営を円滑に進めていくための「管理規則」は「校則」と位置づけることができますが、法的には、**学校教育法施行規則**第四条で、「学則」の記載事項が定められています。校則＝学則ですが、高等学校や中学校、小学校などでは校則と呼んでいるのが一般的です。大学等の高等教育機関では学則と呼んでいます。

この校則の中に、通学時のきまり、学校生活上の心得、生徒規律、服装のきまり等々が書かれ、それが「生徒心得」として生徒たちに配布されているのでしょう。一九八〇年代の一時期、学校が荒れていた時代に、「禁止づくめ」の校則を定めて徹底した管理が行われたこともありました。[*]現在でも、インターネットで公表されている学校の生徒心得などを見てみると、一九八〇年代と同じような内容のものがあるようです。

生徒たちからは、「髪の毛をなぜ染めてはいけないのか」、「ピアスをして登校するのはなぜいけないのか」等々の問いかけがあると思います。そのようなとき、「中学生らしい」とか「高校生らしい」という説明だけでは、生徒たちは納得しないのではないでしょうか。そこで、服装規制の基準[**]や頭髪基準については、生徒たち自身に考えさせることも一つの方法かもしれません。

決められている制服を加工して他の人と違ったスタイルにして着ていると、目立って、注目されることがあるでしょう。そのスタイルがクラスに広まり、日常の学習どころではないような雰囲気になるのは好ましいことではありません。「服装の乱れは心の乱れ」などとも言われますので、それは十分に説明する必要があります。

文部科学省は、二〇一〇年に**生徒指導提要**を発表し、以下のように記述しています。[***]

「各学校においては、生徒指導が、教育課程の内外において一人一人の児童生徒の健全な成長を促し、児童生徒自ら現在及び将来における自己実現を図っていくための自己指導能力の育成を目指すという生徒指導の積極的な意義を踏まえ、学校の教育活動全体を通じ、その

*——坂本秀夫『生徒心得』エイデル研究所、一九八四年を参照。

**——前掲書、九六頁以下。

***——一頁以下。

一層の充実を図っていくことが必要です。」

これを基として各学校が教育活動を充実させていくために、学校での生活上のきまりについては生徒たち自身に考えさせ、快適な集団生活をするにはどうしたら良いのかを考えさせる方法を採るべきではないかと私は思います。いま私は大学の教員として、日々、大学生と接していますが、答えをみずから見つけるという作業は面倒で、常に解答を教えてくれる授業が良い授業だと考えているふしがあります。疑問を持つこと、そしてその解決法を生徒たち自身が発見していくプロセスを経験させることが、大切ではないでしょうか。そうした経験のなかで、「人に不快感を与えない」とか「経済的に自立していない生徒が華美な服装をするのはおかしい」といった意識が芽生えていけばよいと思います。

校則をめぐる判例

校則をめぐる裁判の例を挙げましょう。

昭和六〇（一九八五）年一一月一三日、熊本地裁は、学校が頭髪は丸刈りと決めていることをめぐって、校則の内容は「最終的に中学校長の専門的、技術的な判断に委ねられるべきであり、その内容が著しく不合理でない限り」違法とならない、と判示しています。*

さらに最高裁では、私立高校でパーマ禁止の校則に違反した女子生徒が処分をされた裁判で、以下のように判示し、女子生徒の訴えを却下しました。**

「私立学校は、建学の精神に基づく独自の伝統ないし校風と教育方針によって教育活動を行うことを目的とし、生徒もそのような教育を受けることを希望して入学するものである。原審の適法に確定した事実によれば、（一）D高校は、清潔かつ質素で流行を追うことなく華

*——判例時報一一七四号四八頁。

**——最高裁平成八年七月一八日第一小法廷判決、最高裁判例検索ホームページ。

美に流されない態度を保持することを教育方針とし、それを具体化するものの一つとして校則を定めている、(二)D高校が、本件校則により、運転免許の取得につき、一定の時期以降で、かつ、学校に届け出た場合にのみ教習の受講及び免許の取得を認めることとしているのは、交通事故から生徒の生命身体を守り、非行化を防止し、もって勉学に専念する時間を確保するためである、(三)同様に、パーマをかけることを禁止しているのも、高校生にふさわしい髪型を維持し、非行を防止するためである、というのであるから、本件校則は社会通念上不合理なものとはいえず、生徒に対してその遵守を求める本件校則は、民法一条、九〇条に違反するものではない。」

ご質問の内容に似た例の裁判もあります。女子中学生が校則に違反し、化粧をしたり、頭髪を脱色したりしている行為を指導するために、教師たちが生徒の頭髪を保健室で染髪して、元の黒色に戻したことに対して、女子生徒側が、教師の行為は違法だとして損害賠償を求めた事案です。裁判所は下記のように判示し、損害賠償請求を斥けました。*

「本件染髪行為の趣旨・目的は、生徒指導の観点からみてもとより正当なものである。当時、原告生徒の頭髪の脱色や染色に関する本人の自発的な改善の見込みはなく、原告両親による家庭の指導・改善にこれ以上期待することは困難であったといわざるを得ない。……〔そのため〕その方法・態様や、継続時間をみても、社会的に相当と認められる範囲内のものであったというべきである。」

養護教諭が、校則違反を取り締まる場面に直面したとき、その役割は、指導を受ける側である生徒のケアをすることだと思います。それは養護教諭の教育責任の一つです。

*――大阪地裁平成二三年三月二八日判決、判例タイムズ一三七七号一一四頁。

12　養護教諭と学級担任

Q 公立小学校に勤務する養護教諭です。養護教諭になって一〇年目です。私の学校の一年生の学級担任（教員になって三年目）が、子どもが具合が悪いと訴えるとすぐに保健室に連れてきて、「先生、よろしく」とだけ言って、症状をまったく報告せずに、子どもをおいてすぐ教室に戻ってしまうことが多いのです。残された子どもに「先生にどんな具合か話した？」と聞くと、先生は、「さあ、急いで保健室に行こうね」と言っただけだというのです。これの繰り返しです。保健室に子どもたちが来れば、適切な対応をしなければなりません。そのためには学級担任からの情報が必要です。管理職に相談したところ、自分たちで解決してと言われてしまいました。今後、どのようにこの担任に私たちの仕事内容を伝えたらよいか、悩んでいます。また、学校組織で問題を解決していくためには、どうしたらよいでしょうか。

私は養護教諭の方々と話す機会が多いのですが、こうしたお話をよく聞きます。ご質問にあるような学級担任は、日々ゆとりがなく、仕事に追われている状況ではないでしょうか。三年目に入っても一人ひとりの子どもに丁寧な対応ができないのは、それだけ教師の仕事量が増えているからと言えるでしょう。仕事量を減らすには「ムダ、ムラ」をなくし、かつ「ムリ」をしないことが理想ですが、一人で仕事量を減らそうと考えても、なかなか上手くいきません。やはり、これまでもたびたび述べてきましたが、「同僚性」と「協働性」に基いた良好なチームワークを形成するような組織づくりが欠かせないと思います。そのためには、それぞれの教師が問題発見と解決、課題形成に取り組めるような組織風土にならなければなりません。

養護教諭の職能と担任の責務

ご質問にあるような、学級担任の子どもへの対応について言えば、具合が悪いと訴えてきた子どもの症状を詳しく聞かずに保健室に連れてきて、「先生頼みます」と言ってすぐにいなくなってしまうような態度では、教育責任を果たしていないと言えます。**学校教育法**第三七条一一項は、「教諭は、児童の教育をつかさどる」と定めています。これは教師の教育責任について定めたものです。教諭の教育責任とは、①子どもたちに学習指導する責任と、②子どもたちの心身の発達について留意し、集団生活などに適応できるように生活指導をする責任とがあります。

保健室に連れていく行為は、担任として正しいのですが、まずは、対応する子どもの具合を把握すべきです。このような担任には、保健室の仕事を再認識してもらう必要があります。そのためには、まずは担任に対して自らの職務を自覚させ、保健室の役割、養護教諭の責任について理解してもらうことが重要です。

養護教諭の責任は、**学校教育法**第三七条一二項で「養護教諭は、児童の養護をつかさどる」(中学校、高校準用)という規定に基づいて果たされなければなりません。それでは「養護」とは何かというと、『広辞苑第六版』によれば、「①危険がないように保護し育てること。②学校教育で、児童・生徒の健康の保持・増進に努めること。③心身障害または社会的な理由で特に手当を必要とする者を保護し助けること」とあります。このうちの②が、養護教諭の仕事に該当するでしょう。

さらに文部科学省は、保健体育審議会答申「**児童生徒の健康の保持増進に関する施策について**」（一九七二年）において、養護教諭の職務について次のように述べています。

養護教諭は、専門的立場からすべての児童生徒の保健および環境衛生の実態を的確に把握して、疾病や情緒障害、体力、栄養に関する問題等心身の健康に問題を持つ児童生徒の個別の指導にあたり、また、健康な児童生徒についても健康の増進に関する指導にあたるのみならず、一般教員の行う日常の教育活動にも積極的に協力する役割を持つものである。

また、ある判例では、養護教諭の職務性について、以下のように判示しています。*

養護教諭は、医学的素養をもって学校に勤務する教育職員であって学校内において要救急事故が生じた場合のその役割は、一般医療の対象とするまでもない軽微な傷病の処置と学校医等専門医の側へ要救護児童生徒を引き渡すまでの処置をすることにある。養護教諭の行う養護診断は、学校内において傷病事故が発生した場合に、その傷病事故の発生状況、傷病の内容、程度をできるだけ速やかに認識し、自ら傷病の手当をするか、緊急なものであって直ちに医師のもとに移送するものであるか、あるいはその必要がないものであっても家庭へ送り帰し、保護者の保護監督下に置くべきものであるか、あるいは学校の保健室で継続的に観察する必要のあるものであるか、生徒を授業のため教室に帰して良

*——東京地方裁判所昭和六三年二月二三日判決。判例時報一二九三号一一五頁。

いものかを判断することが第一の目的であり、即ち、その傷病事故の重症度緊急度を判断するものであることが認められる。
それゆえ、養護教諭の傷病についての判断手続については、一般の医師看護婦が専門的な傷病名や傷病箇所の確認、医学的処置をする目的で診察するのとは異なり、医学的に十分なものである必要はないが、少なくとも前記判断目的にふさわしい程度の問診、視診、触診を適切に行うべき義務があるというべきである。

養護教諭がこのような職務性を的確に果たすためには、教室での子どもの様子、訴えてきたときの表情などを、学級担任から聞く必要があります。つまり担任は、養護教諭が適切な対応ができるように、子どもの症状を報告する義務があるのです。

ご質問のようなケースでは、今後、担任に自らの教育責任を自覚させ、「丸投げ」のような行為はとらないように指導をしてもよいのではないでしょうか。管理職が対応してくれないとのことですが、現実としてこのような管理職者が多いということも、残念ながらあるようです。

問題解決には全校的な取り組みを

ある中学校の先生からこんな話を聞きました。学校全体にまとまりがなく、管理職者も率先して問題解決に取り組む姿勢を示さない。解決策の提案をすると、無視されるか、嫌な顔をして「自分で解決しろ」と言う管理職さえいる、ということです。もしかしたら、ご質問の先生の学校も、同じような組織風土かもしれません。このような組織ですと、問題が起こったときに各自で適切な対応ができず、問題をこじらせてしまうことになります。

学校は、子どもを相手にする組織として存在しているのですから、常に生命・身体の安全に配慮していなければなりません。問題が起こったら全員で原因を究明し、問題を共有して解決策を考えていかないと、同じことが繰り返され、子どもや保護者、地域からの信頼を失うことになります。

ここでぜひ強調しておきたいことは、学校は子どもたちの成長発達権を保障するための機関であるということ、教師自身が自らの職務性を自覚し、組織人としてその役割を果たしていくことで「良質な組織」が形成されるということです。子どもたちが安心して生活できる学校づくりに日々奮闘している養護教諭の先生方と、これからも一緒に学んでいきたいと思っています。

第4章

広がっていく養護教諭のしごと

入澤 充

時代の変化とともに、養護教諭の仕事はますますその範囲を広げています。この章では、筆者が実際に取材する過程で知ったさまざまな事例も含めて、養護教諭がいかに多岐にわたる課題に直面しているかを紹介し、そこにどのような法的問題があるのかを明らかにしていきたいと思います。

養護教諭の職務

ここで改めて、養護教諭の職務について、整理しておきましょう。

養護教諭は、**学校教育法**第一条に定める学校の教育職員としての地位を有するものです。養護教諭の学校における職務については、学校教育法第三七条一二項が「養護教諭は、児童の養護をつかさどる」（中学校、高校準用）と規定しています。

「つかさどる」とは仕事をするという意味を持っていますが、では「養護」とは何かというと、前述したように『広辞苑第六版』によれば、「①危険がないように保護し育てること。②学校教育で、児童・生徒の健康の保持・増進に努めること。③心身障害または社会的な理由で特に手当を必要とする者を保護し助けること」とされています。このうち養護教諭の仕事としては②が該当します。

文部科学省（以下、文科省）は、養護教諭の職務について、一九七二年に次のように規定しています。

「養護教諭は、専門的立場からすべての児童生徒の保健および環境衛生の実態を的確に把握して、疾病や情緒障害、体力、栄養に関する問題等心身の健康に問題を持つ児童生徒の個別の指導にあたり、また、健康な児童生徒についても健康の増進に関する指導にあたるのみならず、一般教員の行う日常の教育活動にも積極的に協力する役割を持つものである。*」

一九九七年の保健体育審議会答申「**生涯にわたる心身の健康の保持増進のための今後の健康に関する教育及びスポーツの振興の在り方について**」では、養護教諭の新たな役割として次のような記述があります。

近年の心の健康問題等の深刻化に伴い、学校におけるカウンセリング等の機能の充実が求められるようになってきている。この中で養護教諭は、児童生徒の身体的不調の背景に、いじめなどの心の健康問題がかかわっていること等のサインにいち早く気付くことのできる立場にあり、養護教諭のヘルスカウンセリング（健康相談活動）が一層重要な役割を持ってきている。養護教諭の行うヘルスカウンセリングは、養護教諭の職務の特質や保健室の機能を十分に生かし、児童生徒の様々な訴えに対して、常に心的な要因や背景を念頭に置いて、心身の観察、問題の背景の分析、解決のための支援、関係者との連携など、心や体の両面への対応を行う健康相談活動がある。**

このように、養護教諭には実に幅広い役割が求められています。ただし、養護教諭のみが単独で十分に適切な対応をできるものではなく、担任教諭やその他の教職員、学校経営者との連携が前提となることは言うまでもありません。

*——文部省保健体育審議会答申「児童生徒の健康の保持増進に関する施策について」。

**——詳しくは、入澤充『増補版 学校事故 知っておきたい！養護教諭の対応と法的責任』時潮社、二〇一一年を参照。

1 教職員のメンタルヘルス

事例

X小学校のA子先生は養護教諭になって一〇年、X小は二校目の小学校で、職員数五〇人以上という規模だった。前任校でもそうだったが、毎日、休み時間になると、子どもたちが「ケガをした」、「熱があるらしい」などと言って来室してくる。

ところが最近になって、教員の来室も増えてきた。特に二年生のクラス担任C子先生(教員歴二〇年のベテラン)が、頻繁に保健室を訪ねてくるようになった。日頃から「何か悩んでいるようだ」と同僚の先生方の噂は聞いていたが、A子先生は、C子先生が来るとお茶を出したり、とりとめのない話をしたりして、話し相手に徹し、どうして保健室に来るのかという問いかけはしないでいた。

夏休み明けのある日、C子先生は授業中なのに保健室に来て、A子先生の顔を見るなり泣き出してしまった。A子先生は、年上のC子先生に「大丈夫ですよ」と声をかけ、あとは無言で背中をさすることしかできずにいた。二〇分ほどするとC子先生は平常に戻り、教室に戻っていったが、心配になったA子先生は、校長のところに、今日の様子と頻繁に保健室に来ていた記録を持って報告に行った。校長はうすうすC子先生の様子を知っていたようで、対応しようと考えていたところだと言い、今度、C子先生が平常心の時に話を聞いてみてくれとA子先生に言うのであった。A子先生は子どもたちの対応に支障をきたさないよう、できる範囲で様子を見てみると答えて、校長室を後にした。

養護教諭の職務は、**学校教育法**第三七条一二項にその法的根拠がありますが、この規定は「児童の養護をつかさどる」というものであり、事例のような、職員の健康等についての規定ではありません。職員の健康の保持増進については**学校保健安全法**に基づいて、また、労働安全衛生管理体制の整備については**労働安全衛生法**に基づいて、行わなければなりません。

教職員のメンタルヘルス対策

学校組織は、人的要素と物的要素の両面から子どもたちに教育を施すという機能を有していますが、人的要素である教職員の健康管理については、本人に任せている部分が多いと言えます。しかし、文部科学省は平成二四(二〇一二)年一〇月にまとめた「**教職員のメンタルヘルス対策について(中間まとめ)**」において、「精神疾患により休職している教員は、平成四年度から平成二一年度にかけて一七年連続して増加し続け(平成四年度一一一一人→平成二一年度五四五八人)、平成二二年度において五四〇七人となり若干減少したものの、依然として高水準にある。」と公表し、教職員のメンタルヘルスは、学校現場の改善すべき重大な課題となっています。

この「中間まとめ」では、教師の不調の背景を、次のように分析しています。

「メンタルヘルス不調を訴えて受診する方の多くが生徒指導に関してストレスを感じている。続いて同僚・管理職との人間関係が多い。生徒指導でストレスを感じた教員が保護者対応でストレスを感じるケースが多い。保護者対応は、二〇歳台、三〇歳台がストレス要因として挙げる割合が多く、四〇歳台は少ない。むしろ、四〇歳台の教員は、校内の仕事が集まりやすく、そのことに対してストレスを感じる割合が多い。四〇歳台以上の教職員が、若手の教職員の人材育成に関わったり、支援したりする余裕がなくなっている状況もある。」

さらに、「対人援助職であるために、終わりが見えにくく、目に見える成果を実感しづらい」、「事務的用務、保護者対応等の増加」、「職場での教職員間のコミュニケーションの問題」、「個人の状況として、親の介護や子どもの世話」といった問題も背景として挙げています。

そして翌平成二五(二〇一三)年三月二九日、文科省は、「**教職員のメンタルヘルス対策について**」**(最終まとめ)**を発表しました。

それによると、「在職者に占める精神疾患による病気休職者の割合は、一〇年間で約二倍に」なったとのことです。また、教職員のメンタルヘルス不調の背景の一つとして、「業務量の増加や質の困難化、教諭間の残業時間のばらつき、校長とその他の教職員との間の認識ギャップ等の傾向」だとし、対応が十分できないのは、「教職員が一人で対応するケースが多く、組織的な対応が十分ではない状況」にあるとしています。*

この項では、養護教諭の役割として、子どもたちだけではなく、その学校で働く教職員の健康・悩み相談などにも広がっている現状から学校組織の在り方を検討してみましょう。

職場の労働安全衛生管理　セルフケアとラインによるケア

二〇〇八年の中央教育審議会答申「**子どもの心身の健康を守り、安全・安心を確保するために学校全体としての取組を進めるための方策について**」では、養護教諭の職務として、次のように記載されています。

「養護教諭は、学校保健活動の推進に当たって中核的な役割を果たしており、現代的な健康問題の解決に向けて重要な責務を担っている。」そのため、「子どもの現代的な健康課題の対

*――教職員のメンタルヘルス対策について」は、中間まとめ、最終まとめともに文部科学省のサイトからダウンロード可能。

応に当たり、学級担任等、学校医、学校歯科医、学校薬剤師、スクールカウンセラーなど学校内外における連携、また医療関係者や福祉関係者など地域の関係機関との連携を推進することが必要となっている中、養護教諭はコーディネーターの役割を担う必要がある。」

しかし、先の事例のように、教職員のメンタルヘルスまでその職務は広がり、いっそうの激務となっている現状があります。

この事例について言えば、校長が「うすうす感じていた」のにもかかわらず、A子先生が報告に来るまで対応していなかったのは、管理職者の対応として疑問符がつきます。また、A子先生に対応を任せてしまっていることも、**労働安全衛生法**の趣旨が徹底していないとも言えます。

各教育委員会は、学校における労働安全衛生管理体制の整備を立案しているはずですが、それが機能していないとすれば、問題が起こったときに迅速な対応はとれません。

先の文科省の「最終まとめ」は、予防的な取り組みとして、「教職員本人の『セルフケア』の促進とともに、校長、副校長・教頭、主幹教諭等の『ラインによるケア』の充実が必要」だとして、具体的に「校務分掌を適切に実施し、小集団のラインによるケアを充実」させることと示しています。校長は学校経営をするにあたり、子どもの成長発達と、教職員の健康管理を基本にすえて、教職員と在校児童・生徒を掌理する義務があります。経営上の危機管理《リスクマネジメント》として、心身の不調が疑われるのであれば、十分なケアの体制をとらなければならないはずです。

教師が心身ともに健康を維持していなければ、子どもに大きな影響を与えてしまいます。こうした事例では、学校内の労働安全衛生管理体制の整備をもういちど再確認する必要があるでしょう。そして、C子先生の「悩み」は喫緊の課題と認識し、プライバシーに関わる問題でない限り、組織でその問題を発見し、解決策を検討・実行する対応を取るべきでしょう。なお、プライバシー問題であれば、相談されたA子先生のみがしっかりと受け止め、専門家に支援を求めるように勧めたいと思います。

養護教諭の役割は、年々ますます増え、一人では対応できる状態ではないことは、多くが認めるところでしょう。しかし、学校組織を円滑に動かすためには、養護教諭が一種の潤滑油として機能することで、明るくオープンな職場をつくることが可能となることもあります。ことさらに養護教諭の仕事を増やすような提案は避けたいところですが、教職員から相談を受けた場合には、適切な対応方法をとる必要があります。

2 いじめ

学校における「いじめ」がクローズアップされ始めたのは、一九七〇年代末頃からです。当時は、体罰もまた大きな社会問題となっていました。学校におけるいじめは当初、問題行動を起こす生徒が教師の指導に対する不満から「うっぷん晴らし」として弱い者をいじめたり、仲間はずれにしたりしていたことから、次のように定義されていました。

「①自分より弱い者に対して一方的に、②身体的・心理的な攻撃を継続的に加え、③相手が深刻な苦痛を感じているもの。なお、起こった場所は学校の内外を問わない。*」

教育関係者がいじめを早期に発見し、積極的な対応を行って、子ども同士の関係を正常に戻すべく努力を重ねてきましたが、現在もいじめによる悲劇はあとを絶たず、いじめによる

*――文部科学省「児童生徒の問題行動等生徒指導上の諸問題に関する調査」における平成六年度からの定義。

自死も起こっています。学校からいじめをなくすことは不可能なのでしょうか。

事例

C子さんは、中学生の時にA高校吹奏楽部の演奏を聴き、入学したらぜひ入部したいと思っていた。念願かなってA高校に入学を果たすと、早速、吹奏楽部に入部した。新入部員説明会の時に顧問は全員に希望を聞き、経験や部門（パート）の人数なども考慮するが、なるべく本人の希望を叶えるという方針を伝えた。C子さんは金管楽器をやりたいと申し出て、トランペット部門に配置されることになった。C子さんにとって初めての楽器だったが、熱心に練習を重ね、どうにか他の部員の音に合わせることができはじめた六月。同じ学年のX子とY子から「テンポが遅い」、「もっと私たちに合わせて」などと練習のたびに言われるようになった。C子さんは、そのつど「ごめんね」と言って練習に励んでいたが、夏休み中のある練習日に、X子は突然に「あんたがいたら大会に行けない。邪魔だ」、「何度も同じところを練習させないで」、「ちっとも前に進めないではないか」、「他のパートの人に迷惑をかけている」などと言い出した。Y子も同調し、同じようにきつい口調でC子さんを攻撃しはじめた。C子さんは驚き、言葉を失ってしまったが、それでもその日の練習をこなして家に帰った。

翌日は練習に参加したくなかったが、今やめたら迷惑をかけると思って参加しようとしたものの、X子とY子の顔を見たとたん気分が悪くなり、保健室に駆け込んでしまった。養護教諭のB子先生は青い顔をして入ってきたC子さんを見て、異変を感じ、C子さんを優しく椅子に座らせたのだった。

「いじめ」の定義の変遷

いじめの形態が変質し、だれもがいじめられる対象になったり、いじめる側になったりし始めたころ、文科省は「**児童生徒の問題行動等生徒指導上の諸問題に関する調査**」を踏まえて、平成一八（二〇〇六）年度に定義の見直しを行いました。「『いじめ』とは、『当該児童生徒が、一定の人間関係のある者から、心理的、物理的な攻撃を受けたことにより、精神的な苦痛を感じているもの』とする。なお、起こった場所は学校の内外を問わない。」

その際に「**いじめの問題への取組の徹底について**」という通知を発し、いじめの早期発見・早期対応を呼びかけました。さらに、**別添「いじめの問題への取組チェックポイント」**と題して、「学校」「教育委員会」の二つに分けて、それぞれ二〇項目程度のチェックポイントを挙げています。そのうち養護教諭に関わるのは「学校」の第一五項、「いじめの把握に当たっては、スクールカウンセラーや養護教諭など校内の専門家との連携に努めているか」です。つまり養護教諭は、いじめ問題に対して専門的力量を有する者として、対応を呼びかけられているのです。実際に、これまでの数々のいじめ裁判で、被害に遭った子どもたちが保健室を訪れていることが明らかにされています。

平成二五（二〇一三）年度からはさらに、**いじめ防止対策推進法**の施行にともなって、以下の通りの定義となっています。

「『いじめ』とは、『児童生徒に対して、当該児童生徒が在籍する学校に在籍している等当該児童生徒と一定の人的関係のある他の児童生徒が行う心理的又は物理的な影響を与える行為（インターネットを通じて行われるものも含む）であって、当該行為の対象となった児童生徒が心身の苦痛を感じているもの」とする。なお、起こった場所は学校の内外を問わない。」

そしてさらに、「『いじめ』の中には、犯罪行為として取り扱われるべきと認められ、早期に警察に相談することが重要なものや、児童生徒の生命、身体又は財産に重大な被害が生じるような、直ちに警察に通報することが必要なものが含まれる。これらについては、教育的な配慮や被害者の意向への配慮のうえで、早期に警察に相談・通報の上、警察と連携した対応を取ることが必要である」と明記されています。

裁判長の厳しい批判

いじめ裁判の判決文を読むと、いじめの内容が克明に判示されていて、読み進むのが辛くなることがあります。例えば、以下のような事例です。

①「Yは第二学年三学期頃から、自転車の荷台、前かご等をまげられ、パンクさせられ、教科書等を隠され、前髪を不揃いに切られるなどし」、さらに「授業終了後、女子生徒を含む同級生の面前で、Zにより羽交い締めにされて倒れ、Wによりズボンとパンツを引き下げられた後、Yにより無理矢理仰向けにさせられ」などという事実が明かされる場合。[*]

②「アトピーが汚い」「顔が醜い」など身体的特徴を取り上げ、いわれのない中傷を加えられたり、「部活に邪魔」などと部活動内における存在価値を否定する、さらには病気療養中なのに「もう仮病は直ったの」と言うといった例。[**]

こうした事例で、裁判官が、教職員のみならず同級生が傍観する姿勢を示していることを厳しく批判することもあります。例えば①の判決では、次のように判示しています。

「いじめがいかに卑劣で醜い行為であるか、また、被害生徒の屈辱や苦悩がいかに大きい

*——平成一九年三月二八日東京高等裁判所判決。判例時報一九六三号四四頁。

**——平成一八年三月二八日横浜地方裁判所判決。判例時報一九三八号一〇七頁。

ものであるかなどを、加害生徒はもちろん、生徒達全員に理解させると共に、周囲の生徒達にはいじめを決して傍観することなく、身をもって制止するか、或いは教師に直ちに報告する勇気をもってほしいということを訴え、他方、被害生徒に対しては、自らいじめと闘う気概を持つことの大切さを説ききかせ、それができそうにもない生徒であれば、いじめを受けた時にすべてを包み隠さず担任教師や家人に申告することを約束させるなどの教育的手段を講ずべきである。*」

いじめ問題が訴訟に発展する第一の原因は、学校関係者が、自校で問題はなかったと言い張ったり、外部に漏れないよう事実を隠蔽したりするからです。未来の主権者を育てる学校で、人権が無視されたり、人間の尊厳を否定されるような行為があるのに目をつむり、被害者の心情を無視するような態度を、学校は取るべきではありません。いじめの事実があったならば直ちに、それを正していく姿勢を見せる。そのような姿勢が、子どもたちに安心感を与え、保護者からは信頼感を勝ち得ることになるのです。

さて、もしもいじめ被害者が保健室を訪れ、SOSを発したら、読者の皆さんはどう対応されますか？　大切なことは、まず、被害者に寄り添い、徹頭徹尾、被害者の味方であるということを伝えることです。そして、関係者に対して、いじめの実態を伝え、生徒たちにもいじめの悲惨さをわからせるように手立てを尽くしましょう。そういった基本的な行為がやはり重要だと思います。

*――平成一八年三月二八日横浜地方裁判所判決、判例時報一九三八号一〇七頁。入澤充「いじめ裁判から学ぶ――裁判官はいじめをどうとらえたか」。『季刊教育法』一七四号二四頁以下参照。

3 体罰

近ごろまた、学校スポーツ部活動指導者による体罰問題が顕在化してきているようです。平成二五(二〇一三)年一二月、大阪市立桜宮高校のバスケットボール部の部長を務めていた男子生徒が、顧問である四〇代の男性教諭による体罰を苦にして自殺しました。部活動中に暴言や体罰を受けた生徒の自殺は過去にもあり、たとえば平成五(一九九三)年の裁判*で、指導者の行為が厳しく糾弾されたにもかかわらず、その後も悲劇が繰り返されています。

さらに近年、トップアスリート集団である女子柔道選手らが、監督等の「暴力行為」を告発して大きな反響を呼びました。各競技団体はあわてて調査を始めましたが、すべての関係者がスポーツおよび学校部活動の意義を理解し、学校教育やスポーツ活動においては体罰は絶対に必要ない、という認識を共有しないかぎり、体罰＝暴力はなくならないでしょう。二〇一三年二月には、日本スポーツ法学会理事会が、緊急アピールとして「**スポーツから暴力・人権侵害行為を根絶するために**」という声明を出しています。

ここでは、中学校バレーボール部における、顧問教諭の体罰事例から、養護教諭が体罰にどう対応すべきかを考えていきたいと思います。

*――岐阜地方裁判所、九月六日判決。判例時報一四八七号八三頁。

事例

A中学校はスポーツ部活動が盛んだったが、なかでも男子バレーボール部は市内でも強豪校として知られていた。

ある日の放課後、二年生部員のX君が、右頬を腫らして保健室にやってきた。対応したY先生は右頬をみたあと、「口の中をみせてごらん」と言ってX君の口の中をみたところ、切れて血がにじんでいたので応急手当をし、「なんで切れたの？」と聞いたところ、X君は「先生に殴られた」と小声で悔しそうにつぶやいた。理由を聞いても何も答えないX君は、処置が終わると、早く体育館に戻りたいそぶりを示したので、Y先生は、「今度、体罰を受けたら担任の先生に言うのよ」と言ってX君を練習に戻した。

Y先生は、保健室に来る生徒から、バレーボール部の顧問男性教諭（教員歴五年目）が日頃から厳しい指導を行い、部員のミスを何度も激しく叱責し、時には体罰を行っているという話を聞いていたが、今回のように口の中を切って生徒が直接保健室に来るような事例は初めてだった。その日の業務を終えたあと、Y先生は、いま全国で部活顧問の体罰が問題になっていることを思い出し、今回のことを管理職にどう報告するか、思案するのであった。

体罰にどう立ち向かうか

ここで、体罰の法的問題を整理しておきましょう。

明治時代の**教育令**から始まって現在の**学校教育法**に至るまで、体罰は禁止されています。体罰の結果、生徒らの人権が侵害された場合には、当然、法的責任が生じてきます。刑事罰が相当と判断されれば刑事責任、さらには民事責任も問われ、そして大阪市の事例のように、懲戒処分を受けることもあります。

一九八〇年代にも、体罰は大きな社会問題になりました。そのときは、問題行動を起こす生徒らに対する教師らの「管理」といった側面も取り上げられましたが、いま問題になっている部活動中の体罰は、「ミスに対する制裁」として行われているところに悪質さがあります。そこには、スポーツ指導者としての矜持は見当たりません。

中学校のバレーボール部活動中に、顧問教諭の体罰によってケガをした男子生徒が、市、校長、顧問教諭を相手に損害賠償請求を行った訴訟で、裁判所は校長と顧問教諭への損害賠償請求は認めず、市に対して、損害賠償の支払いを命じた事案があります。

裁判所は顧問教諭に対して、「殴打したあと（被害生徒の）状態を確かめることもせず、次の試合に生徒を出場させ、その後学校に帰り練習したのちに下校させるまで、なんの配慮もしなかった。また被告教諭は、本件行為について校長に報告することをせず、原告生徒の両親に知らせることもなかったばかりか、本件行為後原告に直接謝罪もしなかった」と、その態度を非難しています。[*] 教育活動の一環である部活動にもかかわらず、指導者が「勝利至上主義」に陥ったとき、判決文にあるような振る舞いになってしまうのでしょう。そして何よりも問題なのは、体罰は負の連鎖として、世代を超えてつながってくることです。

筆者が非常勤で教えている大学の授業（スポーツ法学）では、学生たちに毎年アンケート調査を行い、中学・高校の部活動経験と、その中での指導者の体罰について調査しています。その中には必ず、「今の私があるのは顧問の体罰があったから」、「強くなるためには体罰は必要」、「体罰は、顧問の熱心さのあらわれ」などと、体罰を肯定する回答を寄せる者が複数います。

それでは、体罰を学校現場から一掃するためには、養護教諭はどのような対応をすべきなのでしょうか。

体罰が原因で保健室を訪れてきた生徒がいたら、まず、当該教員に話を聞くのではなく、生徒自身に話を聞かなければなりません。その際は、生徒の心情を察し、決して二次被害に

＊――浦和地方裁判所平成五年一一月二四日判決。判例タイムズ八六四号二一五頁。

遭わないように配慮する必要があります。そのあとに管理職者に報告を行い、管理職者が当該教員に事情を聞くようにします。そうして、管理職者が問題を隠すことなく学校全体で話し合い、問題解決に向かわないかぎり、体罰は一掃されないでしょう。

問題解決の過程で、職場は多少ぎくしゃくするかもしれません。しかし何よりも重要なことは、生徒たちが安心して学校生活を過ごせるようにすることです。

スポーツ基本法の意義を共有する

スポーツの部活動は、日本の学校文化として定着していますが、いま改めて、学校関係者には**スポーツ基本法**の意義を認識してほしいと思います。スポーツ基本法は平成二三（二〇一一）年、**スポーツ振興法**の改訂として制定されました。その前文では、「スポーツは世界共通の人類の文化」と謳《うた》われ、第二条ではこのように規定されています。

「スポーツは、とりわけ心身の成長の過程にある青少年のスポーツが、体力を向上させ、公正さと規律を尊ぶ態度や克己心を培う等人格の形成に大きな影響を及ぼすものであり、国民の生涯にわたる健全な心を身体を培い、豊かな人間性を育む基礎となるものであるとの認識の下に、学校、スポーツ団体（スポーツの振興のために事業を行うことを主たる目的とする団体をいう。以下同じ）、家庭及び地域における活動の相互の連携を図りながら推進しなければならない。」

学校部活動は、この第二条が示すように、人格形成に大きな影響を及ぼすものであり、教育の一環として行われている以上、指導者の暴力的行為は絶対にあってはならないのです。

4 生活指導

教師が教育活動中に職務として責任を負うのは、教科指導責任のほか、生活指導、進路指導もあります。生活指導上で難しいことは、子ども一人ひとりの性格なども正確に把握しておかないと、重大な事件を誘発する可能性もある、ということです。

平成二五(二〇一三)年一一月六日、川崎市の小学校で忘れ物をした子どもを教師が教室に残して注意をしたところ、一人の子どもが教室の前にあるトイレに駆け込み、その窓から飛び降りて重体となった事件がありました。*報道された記事では、「同級生によると、委員会活動前の学活中にも、教諭はこの男子児童に『宿題をなめんなよ』と注意。男子児童は『俺は飛び降りてやる』と話していた」と書かれていました。

裁判例でも、同年六月三日に札幌地裁が、小学五年生から六年生に進級したばかりの女子児童が自殺したことに対し、原告等が自殺の原因は教師の前年度の指導にあるとして設置団体等に国家賠償責任を求めた事案に対して、自殺は教師の指導が原因であったとは認められないが、自殺の原因についての調査報告義務が十分果たされていないとして、小学校を設置する地方公共団体等に対する国家賠償請求を認める判決を出しています。**

この項では、教師の生活指導上の法的責任について検討していきたいと思います。

*——読売新聞インターネット配信、二〇一三年一一月六日。

**——最高裁判例検索ホームページ。

事例

A子先生が校長との打ち合わせを終えて保健室に戻ろうと廊下を歩いているとき、五年二組の教室から担任のX先生が「C、お前は何度言ったらわかるんだ。昨日も一昨日も宿題を忘れてきて、やる気があるのか！」と大声を発しているのが聞こえた。A子先生も思わず震えてしまうような大声だった。X先生は前の学校でも子どもに厳しい指導をするという評判だった、と思いながらA子先生は保健室に戻っていった。

その日、給食を食べ終えた五年生のC君が保健室にやってきて、「先生」と言ってA子先生の顔を見るなり大粒の涙を流し始めた。A子先生は、午前中のX先生の叱責を思い出し、両手をC君の肩にそっと置き、涙が少しおさまったのを見計らって「忘れ物なんて誰でもあるよね」とC君の頭をなでて、「そこに座りなさい」とA子先生のそばにある椅子に座らせた。A子先生は、その後C君の家庭の話などを聞いて、C君の気持ちを和らげたところで、「今日も宿題出ているの？」と聞いたところ、「僕だけたくさん出されてしまい、明日まではできないよ」とC君は答えるのだった。C君の家族は両親と弟の四人家族だが、共働きで、家に帰っても弟と二人きりのことが多く、ついつい遊びに夢中になってしまうとのことだった。A子先生と話したC君は家に帰ると言って帰宅したが、翌日は学校を休んでしまった。二日目も休んだところで、欠席の連絡がないことを不審に思ったX先生がC君の家に連絡したところたまたま母親がいて、「C君はどうしました？」と尋ねたところ、母親は「学校に行きましたよ」と答えた。X先生は「そんなはずはありません。昨日も今日も学校に来ていません」と強い口調で応答をしてしまったのだった。

教師の教育力

冒頭にも記したとおり、教師の教育責任には、生活指導責任も含まれるのです。この責任は、**教育基本法**第一条の教育目的を達成することにありますが、その責任を果たすために教育基本法第九条は、教師が「崇高な使命」を果たす上で、その責任を「深く自覚し、絶えず研究と修養に励み、その職責の遂行に努めなければならない」と定めています。

教師は、社会状況や家庭環境による、子どもの発達面での変化を敏感に感じとる力が必要ですが、この事例のような指導をする教師の場合、校内研修などを通じて、同僚同士で生活指導方法について研究していくことが重要です。

札幌地裁で原告は、「教職員らは、児童らと学校生活をともにし、直接指導に当たる立場として、児童らが健全で安定した学校生活を送ることができるように、同人らの生命、身体、精神等の安全に配慮する義務があり、特に児童に対する指導を行うに際しては、教師、児童という権力関係が児童にとって大きな精神的・心理的負荷につながりやすいこと、思春期の児童が精神的不安に陥りやすいことから、当該児童の年齢、性別、性格などを考慮した上で、教育目的の観点から、当該児童に過度の肉体的・精神的負担を負わせるに至った場合には、これを除去するなどの教育的配慮を行う義務がある」と主張しています。これは、生徒指導上、当然、留意しておかなければならないことです。

教育的配慮を常日頃から示すためには、同僚とともに生活指導研究などを行うことで、学校内での教職員の円滑な関係が維持されていなければなりません。

子どもへの注意のしかた

札幌地裁は、子どもへの叱責の方法について、次のように判示しています。

「一般に、児童に対する叱責や学習内容や学校行事における指示は、指導の一環として教員に認められた行為といえる。もっとも、教員は、児童に懲戒を加えるに当たって、児童の心身の発達に応ずる等教育上必要な配慮をすることを義務付けられており、*児童に対する指導は、児童の権利侵害を伴うことも少なくないことからすれば、教育的効果と児童の被るべき権利侵害の程度とを比較衡量し、児童の心身の発達状況等を考慮した上で、指導による教育的効果を期待し得る合理的な範囲のものと認められる限りにおいて正当な指導の一環として許容されるべきであり、その範囲を超えた場合には、指導としての範囲を超えた違法なものとなると解すべきである。」

札幌地裁は、自殺の原因は教師の指導ではないとしていますが、教師にとっては、担任している子どもがみずから生命を絶ってしまうというのは、この上ない不覚でしょう。子どもの成長発達を喜ぶ職業として教師を選んだのですから、日々の子どもの変化を視野に入れた研究時間は確保しなければなりません。しかし、日常の多忙さから、子ども一人ひとりへの教育的配慮が可能になるような時間を確保するのは困難ともいえ、その時間を確保するのは、国や教育委員会の役目と言えます。そして校長は、所属する教職員が無理なく働くことができるような環境整備をする役目も持っていることを再認識すべきでしょう。

子ども一人ひとりを大切にする教職員集団の「要」として養護教諭が存在し、保健室がそのために活用されるなら、教育の効果も向上するはずだ、というのは、言い過ぎでしょうか。

*――学校教育法施行規則第二六条一項。

5　安全配慮とは

教師は、授業中や、教育計画に基づく学校行事、部活動中に、子どもたちの生命・身体の安全配慮をしなければなりません。それは教育責任上、当然に要請されることでもあります。しかしそれと同時に、授業始業前や、休み時間、放課後に学校に居残りをしている時のように、学校教育と密接不離な生活関係にある場合にも、安全配慮は当然の責務となります。ある判例では、「担任教諭らの監督義務の範囲は、親権者らのそれが生徒（児）の全生活関係に及ぶのと異なり、学校教育の場における教育活動及びこれと密接に関連する生活関係についてだけに限られるものというべきである」と述べています。*

もし、安全配慮を怠った結果、子どもたちが被害にあい、損害が生じてしまった場合には、法的責任が追及されることもあります。教師の教育責任には法的責任が伴うということを常に考慮して、指導計画を立てる。それも学校・教師の役割と言えるでしょう。

安全配慮や、危険を予見し回避するという行為は、授業中ならば比較的容易に可能ですが、休み時間や教師の目が届かない場で起こった子どもの被害に対しても、学校・教師の法的責任が追及されるケースも多々生じています。ここで、第3章のQ&Aで紹介した事例をもういちど検討してみましょう。登校してすぐに高熱で倒れてしまった高校生がその後ウイルス性脳炎に罹患したのは、学校側が高校生が意識を失ったときの状況など、診断に有益と考えられる諸情報を病院等に正確に伝達するなどの安全配慮義務を怠ったからだとして、保護者から法的責任を追及された例です。同時に、医師も損害賠償責任を請求されました。

*――判例タイムズ五七七号六〇頁。

事例*

県立高校生徒A君が保健室を訪れ、検温したところ三八度の熱があった。養護のX教諭は氷袋を渡し、A君はその後、氷を交換するために四回にわたって保健室を訪れた。X教諭は再三、早く帰って病院に行くよう勧めたがA君は聞き入れず、部活動を終えてから帰宅。翌日、A君は発熱と頭痛を母親に訴え、学校を欠席した。しかし病院には行かず、市販の鎮痛解熱剤を服用して自宅で寝ていた。翌日、A君は午前六時頃に起床。母親は、熱があるので学校を休んで病院に行くよう説得したが、A君は、提出しなければならない課題がある等と言って登校。しかし学校に着いてすぐの午前八時三〇分頃、廊下で倒れているのを他の生徒に発見された。A君は保健室に運びこまれ、高熱が確認された。同僚の教諭が保護者（母親）に連絡してすぐに学校に来るよう依頼。午前九時頃に母親が高校に到着すると、X教諭は母親に対し状況を説明し、倒れたときに頭を打った可能性があり、また、熱があるのに病院を受診していないことから、病院に行くよう勧めた。母親がA君に呼びかけると、A君は起き上がって自力で玄関まで歩き、母親とともにタクシーに乗ってK病院へ向かった。しかしその後A君はウイルス性脳炎による後遺障害を負ってしまった。

*——詳しい経過は、第3章九九頁以下を参照のこと。

学校における「安全配慮」で重要なこと

第3章でも詳述しましたが、後遺障害を負ったことについて保護者は、「医師らが、ヘルペス脳炎の可能性を認識し得たにもかかわらず確実な鑑別のための検査をして治療を開始するなどの義務を怠った結果」であり、「また、高等学校の教職員が、診断に有益と考えられる諸情報を病院等に正確に伝達するなどの安全配慮義務を怠ったこともその一因であるとして」、被告ら（地方公共団体、医療法人、医師）に対し、**国家賠償法**第一条一項等に基づき損害賠償請求をしました。ここではこの裁判の経過から、主に学校側の安全配慮義務にかかわる点をご紹介したいと思います。

判決は、「一般に、学校の教職員は、学校における諸活動によって生ずるおそれのある危険から児童・生徒を保護すべき義務を負っているところ、教職員が、上記義務の履行として、保護者の対応を要請して生徒・児童を引き渡すか、直ちに医療機関に搬送する措置を採るべきかは、事故時の状況、事故後における児童・生徒の行動・態度、児童・生徒の年齢・判断能力、予想される障害の種類・程度等の諸事情を総合して判断すべきである」とし、保護者に生徒・児童を引き渡す場合、「医療機関へ搬送する場合には医療機関に対し、事故時の状況等を通知し、その後の対応に有益な情報を、必要に応じて適切な方法により提供する義務がある」が、本件においては「Aは、保健室で休養した後、母親の声かけに対して自ら起き上がり、タクシーまで自力で歩くことが可能であったことなどが認められ、これらの諸事情を総合考慮すると、高校の教職員において、Aが転倒した直後の段階で、直ちに脳炎等の重大な障害の可能性を具体的に予見することは困難であり、直ちに救急車を要請しなければならない義務までは認められ」ず、保護者への情報も十分に提供しているので、注意義務違反は認められないし、A君が高校で倒れた際の同校の教職員の対応等にも安全配慮義務違反があったとは言えない、として原告等の請求を棄却しました。*

この判決で判断基準となったのは、「事故時の状況、事故後における児童・生徒の行動・態度、児童・生徒の年齢・判断能力、予想される障害の種類・程度等の諸事情」から考えても、学校側

*——平成二〇年一一月一八日福島地方裁判所判決。最高裁判例検索ホームページ。

には重大な障害が発生する具体的な予見は不可能であったから、過失はなかった、というものです。

学校における安全配慮は、この事例の判示に述べられている事柄をよく認識し、すべての教職員が危機管理意識を共有して、適切な体制と態勢をとれるようにしておくことが大切です。「体制」とは、「学校全体の危機への取り組みシステムの構築」であり、「態勢」とは、危機への教職員の心構えです。

さらに危機管理（リスクマネジメント）とは、リスクとクライシスという二つの視点から考慮されなければなりません。リスクに対しては未然防止、クライシスには対しては、迅速な対応と再発防止策の構築が重要です。

6　学校における危機管理《リスクマネジメント》の法理

危機管理マニュアル

学校保健安全法第二九条は、危険等発生時対処要領を「作成するものとする」と定め、各学校に作成義務を課しました。これはつまり、「危機管理マニュアル」の作成についての条文です。

マニュアルとは第一に、教職員のだれもが、いつやっても、何回やっても同じ結果が得られることが条件となります。その際には、学校内部特性（子ども、教職員の能力など）と外部特性（地域、関係機関、保護者との関係など）を把握し、その学校の環境に合わせた内容で構成することが肝要です。

第二に、詳細な手順を記述するのではなく、ひと目見て、だれもが迅速に遂行できること。

第三に、そのマニュアルを使った訓練・研修を定期的に行うこと。

第四に、マニュアルは毎年、見直しをすること。色あせたマニュアルでは、危機対応はできません。

危機管理の法理

教職員が危機管理について共有するときには、まず基本的なことを理解し合うことが大切です。法理からそれを検討すると、学校のリスクマネジメントは、未然防止と事後措置義務(再発防止義務を含む)の両面から、対策を練っておくことが望ましいと言えます。

裁判所は、教育活動中の未然防止義務について、次のように判示しています。

体育授業で水泳中、重篤な後遺障害が残った中学生の事故に対して、「学校の教師は、学校における教育活動により生ずるおそれのある危険から生徒を保護すべき義務を負っており、危険を伴う技術を指導する場合には、事故の発生を防止するために十分な措置を講じるべき注意義務があることはいうまでもない。[*]」(傍点筆者、以下同じ)。

さらに、教育課程外のクラブ活動中事故に対しては、以下のような判示があります。

「教育活動の一環として行われる学校の課外のクラブ活動においては、生徒は担当教諭の指導監督に従って行動するのであるから、担当教諭は、できる限り生徒の安全にかかわる事故の危険性を具体的に予見し、その予見に基づいて当該事故の発生を未然に防止する措置を執り、クラブ活動中の生徒を保護すべき注意義務を負うものというべきである。[**]」

*――最高裁昭和六二年二月六日第二小法廷判決、最高裁判例検索ホームページ。

**――最高裁平成一八年三月一三日第二小法廷判決、最高裁判例検索ホームページ。

学校事故が発生したときには、事後措置義務は当然に要求されることで、柔道事故の判決における裁判所の判示は、次のようなものでした。

「部員の健康状態を常に監視し、部員の健康状態に異常が生じないように配慮し、部員に何らかの異常を発見した場合には、その状態を確認し、必要に応じて医療機関への受診を指示し又は搬送を手配すべき義務を負っている。*」

*――大津地裁平成二五年五月一四日判決、判例時報二一九九号七六頁。

危険予見・回避義務

教育活動中、たとえば、体育、技術家庭、理科などの実験を伴う授業、運動会、学校行事などでは、「内在する危険」を予見し、万が一危険状態が迫ってきたら適切に回避する措置をとらなければなりません。また、授業や各行事で、児童・生徒が教師の指示を無視して勝手な行動をしていたら、それを制止することも含まれます。もし、こうした義務を怠って、子どもに身体的・精神的な損害を与えてしまった場合には、学校・教師の過失責任が問われることもあります。

裁判になった場合、裁判所が過失責任を判断する基準は、事故の種類・態様、予想される障害の種類・程度、事故後における被害者の行動・態度、被害者の年齢・判断能力といった諸事情を総合して行うのが原則です。ですから教師は、学校生活上の子どもの諸能力について十分に把握して対応すれば、もし法的責任を追及されても、過失責任は問われないこともあります。

たとえば、最高裁判所平成二〇年四月一八日第二小法廷判決は、教室で子どもが他の子どもにケガをさせた事案に対して、原審では小学校教諭の過失を認めていたものの、それを誤りとしてしりぞけ、「事故の発生を未然に防止することができなかったとしても、担任教諭に児童の安全確保又は児童に対する指導監督についての過失があるということはできない」と判示しました。[*] その理由について、加害者とされた児童は「日常的に乱暴な行動を取っていたなど、担任教諭において日ごろから特にAの動静に注意を向けるべきであったというような事情もうかがわれないから、Aが離席したこと自体をもって、担任教諭においてその動静を注視すべき問題行動であるということはできない」としています。

一方で、以下のような判決があることに注目しておきたいと思います。

公立小学校の四年生の子どもが同じクラスの子どもに鉛筆を投げつけられ、目を負傷した事故について、甲府地裁は、「担任教諭として、担当クラスの児童の生命身体の安全について配慮し、各児童に対する一般的抽象的な注意や指導をするのみならず、児童一人一人の性格や素行に注目し、特にほかの児童に危害を加えるおそれのある児童について十分な指導と配慮すべき注意義務が課せられていた」と判示しました。[**]

子どもの最善の利益

学校は、子どもが安心して学習・生活できる安全な場所であり、現代社会では快適さもその要素となります。子どもがいじめにあって安心して日々の生活を送れなくなり、みずから死を選ぶような不幸な事件が生じたら、関係者の法的責任が追及されるということは数々の判例が証明しています。

安全配慮義務は、教育法学からは以下のような理論づけができます。

子どもは学校教育を通して、未来の主権者、生活者となります。主権者になるためには、

＊——最高裁判例検索ホームページ。

＊＊——平成一六年八月三一日判決、判例時報一八七八号一二七頁。この判例については、次の項でも紹介しているのでそちらも参照のこと。

学校で自律できるように、また社会的に自立できるように、教育を受けることが権利として保障されています。その権利を保障するために、子どもの最善の利益*を考慮した学校経営が要請されているのです。

*——子どもの権利条約第三条。入澤充「学校事故と教育法」、篠原清昭編著『教育のための法学』ミネルヴァ書房、二〇一三年も参照。

7　子ども同士のいたずら　危険予見・回避義務①

教師には、安全配慮義務と同様に、危険予見・回避義務、つまり注意義務があります。授業中であれば、子どもたちの危険な行為を予見し、回避することはできるでしょうが、教師が目を離しているときや休憩時間は、なかなか容易ではありません。子ども同士のいたずらやケンカは、教師の目の届かないところで日常的に起こっていることでしょう。他人に迷惑をかけるようないたずらやケンカはしないように指導するのも、教師の生活指導上の責任の範疇ではありますが、次のような事例では、教師の「注意義務」「危険予見義務」はどう考えたらよいのでしょうか。いくつかの判例から学びたいと思います。

事例

小学校二年生の男児X君が、「先生、大変！」と言って保健室に飛び込んできた。養護教諭のY先生は、X君に連れられて教室に駆けつけたところ、担任のB子先生がC子ちゃんを介抱しているところだった。C子ちゃんは目から血を流して激しく泣いており、B子先生がハンカチで目を押さえているところだった。Y先生はすぐに救急車を手配すると同時に保健室へＣ子ちゃんを運び、救急車の到着を待った。学校は、救急車を待つあいだにＣ子ちゃんの自宅に連絡をし、母親に、Ｃ子ちゃんが目をケガしたので病院に連れていくと伝え、母親に病院に来るよう頼んだ。

救急車はすぐに駆けつけ、Ｃ子ちゃんは近くの総合病院に搬送された。眼科医師の適切な治療の結果、失明には至らないが一週間の入院加療が必要という診断を受け、退院後も数か月は通院治療をするようにと言い渡された。母親は病院に駆けつけると、いったいどうしてこのようなことになったのだと激しく担任に詰め寄った。担任はまず謝罪をして、Ｃ子ちゃんが治療を受けているあいだ、目をケガするに至った経緯を説明した。

学校の過失責任と保護者の監督義務

このような事例になると、学校側の法的責任はもとより、加害者である子どもの保護者も、損害賠償責任を追及される立場になります。

同様の判例で、市立小学校の四年生男児が、教室で同級生から鉛筆を投げつけられ、それが目に当たって負傷した事故訴訟があります。この裁判では、担任教諭に過失があったとして、学校側に損害賠償の支払いが命じられ、同時に加害者である子どもの保護者にも、連帯して損害賠償を支払うよう命じられました。*

判決は、まず教師に対しては、「担任教諭として、担当クラスの児童の生命身体の安全について配慮し、各児童に対する一般的抽象的な注意や指導をするのみならず、児童一人一人の性格や素行に注目し、特にほかの児童に危害を加えるおそれのある児童について十分な指導

*――甲府地方裁判所、平成一六年八月三一日。判例時報一八七八号一二三頁。

と配慮をすべき注意義務が課せられていたと解されている」としたうえで、加害児童が「日頃から問題行動が見られ、落ち着かない様子であったこと」を担任教師は認識して「加害児童と原告(被害児童)の動静」に注意を払っておかなければならず、本件事故は正規の授業中に発生したものではなく「帰りの会」における事故に発生したものであるから「より具体的な予見可能性が要求される」と判示しました。

つまり、教師の教育活動中の注意義務は、一般的・抽象的な注意や指導はもとより、個々の子どもの年齢や日頃の動静に注意して、具体的に指導観察が要求されているということになります。

同様の事例で、小学校六年生男児が、授業中に隣に座っていた男児に鉛筆で目を刺されて、左眼角膜裂傷及び外傷性白内障の傷害を負った事故裁判について、学校側の過失責任は否定し、加害児童の保護者の責任を認めた判決も出ています。*

学校側の過失責任を否定した理由は、「原告(被害男児)及び被告B(加害男児)は、もともと問題があり注意をして監督していなければならないような児童ではなかったことからすると、原告らとは離れた位置の児童に指導をしている短時間の間も、担任が原告と被告Bを特に中止すべき義務を負うべき事情があったとはうかがえない」。そのため「本件事故の発生を未然に防ぐ義務を怠る過失があったとは認められない」としています。

甲府地裁、千葉地裁のいずれも、加害者である子どもの保護者の責任を認めています。その理由を、千葉地裁の判決から見ていきましょう。

判決は「被告Bの親権者である被告両親が、被告Bに対し、日頃家庭において物の取扱い方や人とのコミュニケーションについて十分に注意するよう指導監督を尽くしたとも認める

*——千葉地方裁判所、平成二四年一一月一六日。最高裁判例検索ホームページ。

に足りず、その他、被告両親は、被告Bに対する監督義務を怠らなかったと認めるに足りる証拠はない」と述べ、日常的に家庭で「物の取扱い方や人とのコミュニケーションについて十分に注意するよう指導監督」をすることが保護者の義務と判示しました。

安全配慮のポイントと事故後の対応

子どもをすぐに保健室に連絡に行かせるよう徹底しておくことは、生命・身体を大切にするという意識を育むうえで大切なことです。また、事故後の対応として重要なのは、正確な説明を怠らないことです。と同時に、加害児童の家庭とのトラブルに発展しないように気遣うことも重要です。そして、学校災害給付制度があることも説明する必要があるでしょう。

学校と家庭の連携といった点からも、家庭でしなければならないことについては、学校側から明確な意思表示はしておくべきでしょう。

8　熱中症　危険予見・回避義務②

熱中症に関する注意予報が発令されているにもかかわらず、学校で運動部活動中、あるいは持久走練習中に熱中症で病院に搬送される例があとを絶ちません。学校は、なぜ先例から学ぶことができないのでしょうか。

熱中症は、第2章四三頁以下でも触れましたが、すでに発症のメカニズムや予防法が明らかになっていることから、熱中症事故の裁判では、確実に学校側の責任が厳しく問われ、過失責任が認定される事例です。ここでは、危険予見・回避義務をめぐって、熱中症対策をきちんとしている学校の事例を取り上げ、リスクマネジメントの方策を見ていくことにしましょう。

事例

養護教諭のA子先生が勤務する中学校はスポーツ部活動が盛んで、各クラブが県大会で毎年好成績を修めている。いつからかはわからないが、生徒のあいだで「夏の旗取り、冬の点取り」という言葉が伝えられてきた。旗取りとは各大会の優勝旗のこと、点取りとは希望高校への合格のことである。

夏休みのある日。各クラブの練習にも熱が入り、県大会を三日後に控えた野球部では朝から練習を始め、グラウンドでは部員の元気な声が響き渡っていた。A子先生は「今日あたり危ないな」と、冷凍庫の氷袋と飲料水をいつもより多く用意していた。朝の天気予報で、昼過ぎには気温が三五度を上回るとして、運動は控えるようにと気象予報士が訴えていたからである。この学校ではA子先生の発案で、三五度を超えるとグラウンドにいる生徒にもわかるよう、運動会で使う赤い旗を保健室の外に掲げ、運動を控えるよう注意を促すことになっていた。A子先生はこの日も赤い旗を準備し、同時に、体育館で練習している運動部に対しては、校内放送で呼びかけるつもりでいた。

そこへ、慌てた様子でX子さんが保健室に飛び込んできた。X子さんはバレーボール部員で、体育館で練習していた。「先生、氷、氷」と言うX子さんに、A子先生は「何人？」と聞き、「一人」という返答を得たあと、とりあえずX子さんに氷袋を五つ渡した。

A子先生は日頃から熱中症事故に備えて生徒たちに措置方法を教えていたので、冷静に対応することができたのである。そして赤い旗を掲げてからすぐに飲料水と氷袋を持って、体育館に駆けつけた。

学校保健安全法第二九条は、いわゆる危機管理マニュアルの作成について定めていますが、マニュアルがあっても、教職員が危機に対して臨機応変に行動する意識を持っていなければ、役に立ちません。そのために各学校は、「体制」と「態勢」の両面から、危機管理マニュアルを整備しておく必要があるのです。体制とは、マニュアルの整備など、危機に対応するシステム構築のことであり、態勢とは教職員自身の心構えのことです。子どもの「生命・身体の安全配慮」を基本に据えた、「態勢」の共有が特に重要です。

熱中症は、注意していれば確実に防ぐことができるのですから、教職員全員が、熱中症に対して危険予見・回避を怠ってはならないということを共有しておかなければなりません。

熱中症をめぐるいくつかの判例

平成一四(二〇〇二)年九月三〇日、横浜地方裁判所川崎支部は、ある事案の被告人である教師に罰金刑を言い渡しました。

「被告人は、大学の体育学部において運動生理学等の専門教育を受け、保健体育の教員として生徒に熱中症について教えるとともに、教育委員会などからも再々熱中症についての注意を喚起されるなどしていたものであって、熱中症の発生機序や発症時の対処方法などには相当程度の知識を有していたと認められるにもかかわらず、判示のとおり、炎天下における持久走を実施するにあたり、部員の健康状態への配慮に欠け、適切な救護措置を執りうる態勢にも欠けていたのであるから、体力的に十分の成長を遂げているとはいい難い中学生の部活動の指導を託された者として、その注意義務の懈怠は、厳しく非難されても仕方がないというべきである。[*]」

さらに判決は次のように続けています。

「被害者の尊い生命を奪った本件の結果が重大なものであることは言うまでもなく、わずか一三歳という春秋に富む年齢にしてその生涯を閉じるに至った被害者の無念は察するに余りある。また、被害者の母親は、毎日被害者のいない家に帰るのはつらく、被害者の死亡したときのことばかり考えてしまい、精神的に追いつめられていると検察官に述べ、さらに被害者はその無限を秘めた将来を奪われ、自分たちは日常生活の中で、笑ったりけんかしたりしながら我が子の成長を見届けるという、親として味わうことができたはずのごく平凡な幸せさえ永久に奪い取られた、被告人に対しては厳罰を求めると当公判廷でも陳述しているのであって、我が子に先立たれた父母ら、残された遺族の悲嘆は深く、その処罰感情は厳しいところである。以上の点からすれば、本件について被告人の刑事責任は重いといわざるを得ない。」

このほかにも、熱中症に関する裁判は数多く出されていますが、徳島地方裁判所のある判決(平成五年六月二五日)では、「教諭があらかじめ熱中症の危険について察知し、Xに十分な水分補給をさせるとともに、練習が過度にわたらないよう注意していれば、Xが熱中症にかかることを防止しえたものと考えられる」としたうえで、「教諭の義務違反と本件事故発生の間には、相当因果関係があるものというべきである」と判示しています。[**]さらに松山地方裁判所

*――最高裁判例検索ホームページ。

**――最高裁判例検索ホームページ。

西条支部判決では、「公立高校の生徒がバスケットボールのクラブ活動の練習中に、熱中症状を来たして急性心不全により死亡した事故」について、指導担当教諭の過失を認めています。*

冒頭に挙げた事例の、A子先生の中学校では、部活動が盛んなだけに、熱中症に対して万全な体制と態勢が整備されているのでしょう。このような学校は大きな事故には至らず、子どもも保護者も安心して部活動に取り組むことができるでしょう。

しかし他の判例で示した学校は、何が不足しているのかを真剣に検証することを迫られています。熱中症についてはさまざまな先例があるにもかかわらず、そこから学ぶことができないのはなぜなのか。筆者の考えでは、学校の教師たちの感性の問題、そして、教育計画に縛られ、さらには学校評価を気にするあまりの結果であるように思います。学校は、未来の主権者を育てるところなのですから、もっと学校独自の裁量権を認めていくことが大切ではないでしょうか。

*——平成六年四月一三日。判例タイムズ八五六号二五一頁。

9 子どもに「死にたい」と言われたら　危険予見・回避義務③

学校の法リスクマネジメントは、生命・身体の安全配慮義務と危険予見・回避、指導監督義務などの注意義務から考えておかなければなりません。

教師には、**教育基本法**第九条に基づき、自己の崇高な使命を深く自覚し、その職責の遂行に努めていくことが求められています。その内容は、具体的には、**学校教育法**で定める教育責任を果たしていくことです。教育責任とは、再三述べているように学科指導を行うだけではなく、生活指導や進路指導の責任も含まれます。これらの教育責任に対して、先に示した義務をもとにした法的責任が生じるのです。

ここで挙げる事例は、進路指導・生活指導の責任を養護教諭に任せてしまった高校教員の例です。ここから、学校における「同僚性」と「協働性」について考えていきたいと思います。

事例

県立高校に勤務する養護教諭A子先生は、このところ頻繁に保健室にやってくる三年男子X君の言動が気になっていた。二学期が始まって、ある日の昼休み、X君が「先生、いる？」といってのっそりと保健室に入ってきた。左手首に包帯をしているのを見たA子先生は「その包帯どうしたの？」と尋ねると、X君は「自分で切った」とぽつりとつぶやいたのだった。

A子先生は、一学期にX君が保健室に来たとき、「先生、俺なんで勉強なんかしなければならないんだろう。いっそ駅ビルから飛び降りてしまいたい」と言っていたことを思い出した。その時は、A子先生が「何を言っているのよ。X君は勉強もできるし、大学にも行くのでしょう」と言うと、X君は、希望する大学のオープンキャンパスに行ってきたという話を始めたので、A子先生は自身の学生時代の話をし、何事もなかったようにその日は終わったのだった。

「手を切った？」と驚きながら、A子先生は、X君の気持ちを和らげようと話を聞き始めた。X君は「行きたい大学の話を親父にしたら、あんな大学だめだ、就職率も悪いし有名ではない、と厳しく怒られた」という。担任の先生にその話をしたが、「お父さんの言うことを聞いたほうがいいよ、と言うだけで、真剣に俺の話を聞いてくれなかった。ここのところ毎日毎日親父から大学のことを聞かれるので、嫌になって、死んだら楽になるだろうなと思って……」。X君の父親は大学の教員で、家庭でも厳しいしつけをしていることが、X君の言動からわかっていた。

A子先生はX君の話を聞いた放課後、担任のY先生に、X君が保健室へ来たこと、手首の包帯の理由について聞いたことを報告したところ、Y先生は「私が保健室に行けと言ったんですよ。そうですか。行ってくれましたか」と言って、A子先生の話をまともに聞こうとしないのだった。

教職員の「同僚性」——チームワークのために①

私自身の体験から感じたことですが、高校の先生方は概して、全校的なチームワーク形成があまり得意でないようです。各教科ごとではコミュニケーションが取れるせいか、小集団での同僚性はあるのでしょうが、「教科を超えて全校で」という態勢が取りにくい傾向があるかもしれません。

学校教育法第三七条一項には、小学校には、校長、教頭、教諭、養護教諭、事務職員を配置することが定められています（中学校準用）。小学校、中学校のように全校で活動する場面が多いと、チームワークが形成され、必然的に同僚性は高まってきます。そこでは情報の共有化もでき、危機に対しても迅速な対応が可能になります。

とくに新人教師が着任してきた時などは、同僚性を発揮して、オン・ザ・ジョブで、実務を行いながらトレーニングし、その教員を「鍛えて」いく風土が学校にはあります。学校の教員が能力を向上させていくツールとして、オン・ザ・ジョブ・トレーニング（ＯＪＴ）は最も優れたやりかただと思われますが、その成否は、同僚性が確立されているか否かにかかっていると言えるでしょう。

つまり、同僚に相談しやすい組織になっているかどうか、仲良しグループではなく、教員同士が切磋琢磨している組織であるかどうか、です。「チームワークが良い」ということは、学校経営の視点から言うと、「自律した和」ができている状態とも言うことができます。

「協働性」――チームワークのために②

自律した和を形成するためには、協働性という意識が欠かせません。

先にあげた事例では、担任のＹ教諭は、自分の教科を中心にして生徒に接し、「面倒くさい」ことは養護教諭に任せてしまう、といった姿勢にも思えます。

教育相談やカウンセリングは専門家に任せたほうが良い、と判断しているのかもしれませんが、生徒の日常を把握しているのは学級担任なのですから、保健室に行くように指示をしたのなら、養護教諭とは、その生徒に関する情報を共有すべきでしょう。もし担任が「個人情報だから」といったことを言い出してしまったら、養護教諭は他の教職員と連携した対応ができなくなります。つまり、協働性が発揮できなくなるのです。

事例のように、生徒が「死にたい」などと言ってきたら事態は急を要する、と判断し、管理職者にも報告すべきでしょう。「死にたい」という言葉は子どもの世界ではよく出てくるから、などといって軽視してはいけません。生命の尊さを学ぶ学校だからこそ、「死」ということに対しては敏感にならなければならないのです。

学校の中に、教職員全体が当事者意識をもって問題に取り組み、改善・改革していくという風土を形づくっていく必要があります。そうでないと、地域社会からの信頼を得ることはできないでしょう。学校の危機管理《リスクマネジメント》とは、事故を未然に防止し、万が一事故が起こったら迅速な対応と再発防止策を講じることです。そのためには、リスクマネジメントとクライシスマネジメントの両面から対応しなければなりません。その前提となるのが、同僚性と協働性です。同僚性と協働性は、学校運営には欠かせない要素であり、その橋渡しをするのが管理職者、特に副校長や教頭の役割です。

養護教諭の負担が多くなりすぎ、事例のようなケースに一人で対応する、といったことがあってはなりません。チームで対応することによって初めて、生命を尊重する意識が行きわたるのです。

10 施設・設備の安全配慮

前項まで、危険予見・回避義務について解説してきましたが、この二つの義務は、大きくくくれば注意義務のことです。学校・教師は、教育活動中、子どもたちの生命・身体の安全に配慮・注意をする義務があり、この二つを怠って、子どもたちに肉体的・精神的損害等が及んだ場合には、法的責任を追及されることもあります。その注意義務とは、教育活動中に子どもたちが利用している施設・設備の安全性にも及びます。

この項では、学習指導要領の改訂によって、平成二四（二〇一二）年度から中学校で完全実施されている格技、とくに柔道の授業における、「柔道場」の環境整備をとりあげ、注意義務についても考えていくことにしましょう。

事例

町立中学校の養護教諭A子先生は、ここのところ柔道の授業が終わると保健室にやってくる生徒が増えていることを気にしていた。大きなケガではなく、足の指をひねって痛めた、といった理由が多かったので、応急処置をしながら「次の授業の時は気をつけるのよ」と言って教室に帰していた。A子先生の学校では柔道専用の施設はなく、体育館に畳を敷いて授業を行っている。

翌週、A子先生は柔道の授業が始まる前、体育の教員X先生に、ここのところ柔道授業が終わると足の指を痛めて保健室に来る生徒が多いが、原因に心当たりがあるか尋ねてみた。X先生は、「たぶん、柔道授業は生徒たちが畳を敷いてから始めるので、畳が十分に固定されていないことが原因かもしれない。畳止めはあるが、授業の最中に動いてしまい、畳と畳のあいだに足の指が入ってしまうのかもしれません」と言って、あまり気にする様子もなく体育館に向かっていった。

A子先生は、養護教諭が集まる研究会で、学校の施設設備の安全確保について十分に注意を払い点検を繰り返すことが重要ということを学んだことを思いだし、X先生を追いかけていって、「X先生、もし畳がずれてきちんと固定されなくなったら、そのつど直すようにしたほうがいいですよ」と助言をした。X先生は「ありがとうございます。見学の生徒に、畳の周辺に立たせて直させます」と言って授業に入っていった。

施設設備の安全性とは

国家賠償法第二条一項は「道路、河川その他の公の営造物の設置又は管理に瑕疵《かし》があつたために他人に損害を生じたときは、国又は公共団体は、これを賠償する責に任ずる」と定めています。公の営造物とは、「国又は公共団体により、直接公のために強要される個々の有体物及び物的施設」[*]のことで、公立学校に設置されている遊具や授業に使用する道具などは、公の営造物にあたります。したがって、柔道の授業で使用する畳などは「公の営造物」です。

瑕疵とは「「きず」という意味で、「法律上何らかの欠点・欠陥がある」[**]ことを言います。最高裁は、「「公の営造物の設置又は管理に瑕疵」があるとは、公の営造物が通常有すべき安全性を欠いていることをいい、右の安全性を欠くか否かの判断は、当該営造物の構造、本来の用法、場所的環境及び利用状況等諸般の事情を総合考慮して具体的、個別的に判断すべきである（最高裁昭和四二年（オ）第九二一号同四五年八月二〇日第一小法廷判決・民集二四巻九号一二六八頁、最高裁昭和五三年（オ）七六号同年七月四日第三小法廷判決・民集三二巻五号八〇九頁参照）[***]」と判示していますが、柔道場の畳が固定されておらず、授業のたびに設置して行う場合には、ケガが予測されるので、十分に危険を予見し、回避するといった注意義務が生じてくることは、認識しておくべきでしょう。もし柔道の授業で骨折をして、授業を休まざるを得なくなったときには、肉体的・精神的・財産的にも損害が生じることになるので、訴訟が起こった場合の学校側の不利は免れません。

柔道場の安全確保

全日本柔道連盟は、「公認用具（柔道畳）規程」を以下のように定めています。[****]

＊——国賠訴訟実務研究会編『改訂国家賠償訴訟の理論と実際』三協法規、平成一二年、二〇二頁。

＊＊——『法律学小辞典第四版補訂版』有斐閣、一一三頁。

＊＊＊——最高裁判所平成五年三月三〇日第三小法廷判決。最高裁判例検索ホームページ。

＊＊＊＊——（公財）全日本柔道連盟ホームページ。

第二条二　公認畳とは、第三条に定める審査基準を満たし、全柔連から公認を受けた柔道畳をいう。

第三条（審査基準）　公認畳の審査基準は、以下のとおりとする。

サイズ　講道館柔道試合審判規定による一八二×九一〔cm〕を標準とする。

国際基準の二〇〇×一〇〇〔cm〕、またそれぞれの半畳も認める。

厚さについては、六cm又は五cm

畳表のすべり　すべり抵抗係数　〇・四～〇・七

衝撃吸収性　五〇〇kgf・cm～七五〇kgf・cm

硬さ　五〇G以下

形状安定性　通常の敷設状態における、通常柔道の使用において、形状の変化が五ヵ年以上起きないこと（申請者保証）

学校で行う柔道授業も、基本的には全柔連の規則にしたがって行われるものですから、技術面だけではなく、施設設備面でも、この畳の規格は遵守しなければなりません。それと同時に、授業中には、畳の固定化を正確に行う必要があります。

この事例では幸いに、体育担当のX先生は、A子先生の助言を聞いて、安全性に十分配慮する姿勢を示しましたが、本来であれば、柔道授業の計画においては、予想されるケガの種類、部位、応急処置を、全教員で共有しておかなければならない課題です。多くの学校はそのようなことを十分に議論をして、対応策を検討し、計画・立案しているでしょうが、柔道事故は重篤な事故に至るケースが多いので、施設設備の安全性に対しては、技術指導と並んで、十分な注意が必要でしょう。

11　アレルギー

事例

給食の時間が始まってしばらく経ったころ、六年生男子A君が、保健室に飛び込んできて「先生、すぐに僕たちの教室に来て」と言ってB教諭の袖をつかんで連れていこうとした。B先生はA君に連れられて教室に向かいながら、「どうしたの？　何かあったの？」と尋ねると、A君は「クラスのC子ちゃんが給食を食べていたら急に気持ち悪いと言って倒れてしまったの」と話した。A君は学級委員をしている関係からC子さんの急変を知って、担任教師に言われるまでもなく、保健室に飛び込んだのだった。

教室に着くと担任のX先生がC子さんを介抱していた。替わってB先生がC子さんをみると、口の周りが赤くなっている。アレルギー症状とすぐにわかり、「薬は持っているの、エピペンは？」と聞いたところ、「鞄の中」とC子さんが言うや否や嘔吐《おうと》をしそうになったので、B先生はC子さんの口の中に手を突っ込んで吐かせる処置をしながら、すぐに救急車を手配するよう担当教員に指示をした。B先生は、C子さんの吐瀉《としゃ》が収まったのを見はからってC子さんの鞄からエピペンを取り出して打ち、様子を見ていた頃に救急車が到着。B先生も同乗して病院に向かった。幸いに大きな事故につながらず、C子さんは翌日から元気に学校に来ることができたが、B先生は改めて、食物アレルギーについて各教員の研修と応急処置対策が必要だと思った。

平成二三(二〇一一)年一二月、東京・調布市で乳製品アレルギーのある小学五年生の女児が、学校給食で出された粉チーズ入りのじゃがいもチヂミのおかわりをし、食べたところショック死をした出来事がありました。また翌年二月には、神奈川県の市立小学校の給食で六一人の子どもが、じんましん、腹痛を発症した出来事もありました。これは二〇一三年二月四日、三月一日の朝日新聞による報道ですが、同記事によると、給食でのアレルギー事故は、二〇〇八年一〇月〜一二月に三件、二〇一一年一月・三月に二件、二〇一二年七月・九月・一二月に三件、二〇一三年一月・二月に二件、発生しているとのことです。

平成一九(二〇〇七)年、文部科学省のアレルギー疾患に関する調査研究委員会は、**アレルギー疾患に関する調査研究報告書**を発表しました。それによると、児童・生徒全体のアレルギー疾患有病率は、多い順に紹介すると、次のようになります。

アレルギー性鼻炎(九・二%)
ぜん息(五・七%)
アトピー性皮膚炎(五・五%)
アレルギー性結膜炎(三・五%)
食物アレルギー(二・六%)
アナフィキラシー(〇・一四%)

この中でも特に、子どもが死に至ってしまうアナフィキラシー・ショックへの対策は、学校での重要課題となっています。この調査のあと、日本学校保健会は、**学校のアレルギー疾患に対する取り組みガイドライン**（以下、ガイドライン）を作成し、「緊急時の対応」として次のように記載し、各学校に留意するよう呼びかけました。

「緊急時に備えてアドレナリンの自己注射薬であるエピペン®や内服薬等が処方されていることがありますので、教職員の誰が発見者になった場合でも適切な対応が取れるように教職員全員が情報を共有し、常に常備しておく必要があります。*」

そばアレルギーによる死亡事故の判例

平成四（一九九二）年三月三〇日に札幌地方裁判所は、市立小学校六年の男児が学校給食でそばを食し、そばアレルギーによる喘息発作のため死亡した事故について、担当教諭と市教育委員会の過失を認める判決を出しています。この事案はのちに和解で決着しましたが、教員の給食時の「行為」の過失について、次のように判示をしています。

「教諭は、小学校の教諭として、学校内の児童の安全を配慮する義務を負担しており、給食についてもその安全等についての研修の義務が課せられて」いる。さらに「教諭は、児童調査票で、Xが給食で注意することとして『そば汁』と申告され、四月末にはXからそばは食べられないことを告げられていた。学校の健康診断書には、Xに気管支喘息の疾病が存在すると記載されていたこと、食べ盛りのXがそばの出る給食時におにぎりとかパン等の給食に代わる食事を持参せず、そばも食べずに五、六学年時を過ごしてきたことからすると、教諭はXの担任教諭として、Xがそばを食べないことに何か重大な事情が存在し、それが疾病の発

*——公益財団法人日本学校保健会「学校のアレルギー疾患に対する取り組みガイドライン」(監修＝文科省スポーツ・青少年局学校健康教育課)、七頁。

症に関連するのではないかと考えるべきことを要求しても、あながち不可能を強いるものではな」い。

そして「本件事故以前から、そばアレルギーを警告し、その対策を示す多数の書物が出版され、その危険性が新聞でも指摘されていたことを斟酌すると、教諭には、そばアレルギー症の重篤さと、Xに給食でそばを食べさせないことの重要性及びそばを食べることでの本件事故を予見し、結果を回避することは可能であったと認めるのが相当である」と、担任の対応に過失を認定しました。* これは、教師には職務として、子どもの生命・身体の安全配慮をする義務があり、さらには危険を予見、回避する義務があることを意味するものです。

子どもがアレルギーで苦しんでいたら、教諭は緊急措置をとらなければなりません。その緊急措置は「やむを得ずした行為」にあたるので、その行為に対しては、法的責任が課せられることはありません。判例でも『やむを得ずした行為』とは、当該避難行為をする以外には他の方法がなく、かかる行動に出たことが条理上肯定し得る場合を意味する」** と判示していることから、日常的にクラス担任などには緊急対応について啓発をしておくことが重要です。

一方、もし養護教諭が教室にいて緊急措置をとらなければ、そのほうが問題になります。養護教諭には、子どもの健康保持と安全確保が、仕事内容として強く要求されていることを再認識しておくべきです。今回のB先生の対応は適切でしたが、もしこれが新人の養護教諭であったらどうなっていたでしょうか。管理職者はその点について、十分に留意しておく必要があります。万が一適切な対応を怠ったら、「未必の故意」として、法的責任が及んでくることもあります。未必の故意とは、「結果の発生を確実なものとは認識していないが、発生する蓋然性を表象している場合」*** を言い、養護教諭は一般的なアレルギー体質の症状を熟知し

*――判例タイムズ七八三号一八〇頁。

**――最高裁大法廷昭和二四年五月一八日判決。有斐閣『判例六法二〇〇八①』一〇八九頁。

***――前田雅英『刑法総論講義 第四版』東京大学出版会、二〇〇六年、二〇五頁。

ているはずなので、食物アレルギー症状を来した場合その結果を認識できるはずだ、という解釈がなされます。

アレルギーによる学校事故はなぜ起こるのか

この項の冒頭で紹介した、東京・調布市の小学五年女児の死亡事故のあと、調布市は検証委員会を設置して、「事故の概要、調布市の食物アレルギー対応、当該学校及び当該児童への食物アレルギー対応等々について検証結果」をまとめました。その中で、子どもにアレルギーがあるということを、学校教職員すべてと保護者とのあいだの情報共有がなされていなかったのではないか、と疑問を投げかけています。*

調布市の事故発生後、文科省に設置された**学校給食における食物アレルギーに対応に関する調査研究協力者会議**の「最終報告」では、「一義的には、『ガイドライン』の主旨が十分に認識されておらず、その取組が徹底されていないことに最大の要因がある」と記されています。** つまり、①ガイドラインの主旨が各学校に行きわたらず、②情報の共有についても徹底されていなかったなかで、調布市の事故が起こってしまった、ということになります。

この二つの原因は、学校側の食物アレルギーに対する認識が甘いか、あるいは保護者自身の懸念から学校側に事実を知らせないか（つまり我が子がアレルギーであるとクラスの仲間に知れわたることによっていじめの被害にあうのではないかと心配して）等々が理由として考えられます。***

食物アレルギーへの対応で重要なことは、まず、次のような事実を、教職員と保護者とが認識することと言えるでしょう。

「最終報告」が明らかにしていることは、食物アレルギーは四・五パーセントとなり、前回

*――調布市立学校児童死亡事故検証委員会「調布市立学校児童死亡事故検証結果報告書」平成二五年三月、二七頁。

**――文部科学省「学校給食における食物アレルギーに対応に関する調査研究協力者会議」最終報告、二〇一四年三月、四頁。

***――アレルギー疾患は個人情報として扱う必要があります。例えば、水戸地方裁判所土浦支部平成一四年三月一二日判決で、小学校を卒業した原告が、校長らが卒業を祝う会における飲食を中止するにあたって、その理由が原告の食物アレルギーにある旨を当時六年生であった子どもとその保護者に説明したことにより、原告の名誉が毀損されたとして、国家賠償法一条一項に基づき慰謝料を請求した裁判で、裁判所は原告の請求を一部認めています（判例集未搭載）。

の平成一六（二〇〇四）年の調査よりも一・七倍と増えていること。アナフィラキシーの既往は〇・五パーセントとなり前回より三・六倍に増え、さらに前回調査の時には対象になっていなかったエピペン®保持者が〇・三パーセントとなっていることです。*学校の食物アレルギー把握率については、保護者から申し出があった子どものうち「学校生活管理指導表等の医師の診断書の提出があった割合は、食物アレルギー二〇・四パーセント、アナフィラキシー三六・四パーセント、『エピペン®』保持者三〇・三パーセントと、非常に低い値」でした。

さらに、今後の対応として強く留意すべきなのは、次のような現状です。「アレルギー対応に際して、医師の診断書等の提出がないまま、保護者からの申出だけで対応するなど、アレルギー症状等の正確な状況が把握できていない可能性が高いことが分かった。」

こうした事実をしっかりと認識し、そのうえで対応策を立案・実行していかなければなりません。事故を未然に防ぐためには、保護者に対して、学校生活管理指導表に基づいた医師の診断書の提出を強く働きかけることも課題になるでしょう。

アレルギーと養護教諭の役割

文科省の最終報告に基づいて、早急に学校がなすべきことは、日本学校保健会のガイドラインが示す「三つの段階」で対応ができるような、体制と態勢の整備です。

1　情報の把握・共有
2　事故予防
3　緊急時の対応**

*――前掲の「最終報告」、三頁。以下引用は同じ。

**――同上二頁。以下引用は同じ。

まず、**情報の把握・共有**について。子どもにアレルギーの疑いがあるならば、先に述べたように、学校生活管理指導表をもとに医師の診断を受けることを保護者に勧めましょう。

事故予防について。最終報告が示しているように、「食物アレルギーは、アナフィラキシーを発症するリスクを抱えており、生命に関わるような重篤な状態になることもあり得る」のですから、保護者からの申し出だけを根拠にして対応していては事故予防はできない、ということを保護者に理解してもらいましょう。

緊急時の対応について。事故発生の場にいる教員が、迅速かつ適切な対応をするのが最も重要ですが、養護教諭は、教職員が適切な対応ができるように校内研修などを企画して、教職員がとるべき対応方法について周知徹底し、いつ、誰が対応しても、良好な結果が出るようにしておくことが大切です。

危機管理は前述したように「体制」と「態勢」の視点から取り組むことが必要です。組織としての体制が整備され、教職員がそれぞれ、食物アレルギーについての正確な知識を持ち、緊急対応ができる態勢(つまり心構え)を、常に持ち続けていなければなりません。

学校は、「未来の主権者を育てる」という社会的使命をもつ機関であることを意識し、子どもの生命・身体の安全保持ができるような条件整備を心がけておくべきでしょう。

第5章

養護教諭の職務と法的責任

判例から学ぶ ②

入澤 充

本章では、学校事故の実際の裁判例をあげながら、養護教諭としてどのように学校安全に取り組んでいったらよいかを考えていきたいと思います。

平成二六（二〇一四）年一二月三一日付の朝日新聞は、高校生が部活動中に突発性心室細動で倒れ、その後死亡した事故事件で、和解が成立したと報じています。さらに平成二七（二〇一五）年一月二三日付の朝日新聞は、大阪高裁が高校生が部活動中に熱中症にかかり重い後遺障害となったのは、「学校側が注意義務を怠った」からだとして、学校設置者の責任を認めた判決を出したことを報じていました。

学校事故裁判は、子どもの人権侵害に対する損害回復として提起されるという側面があります。

学校にとっては、裁判によって、子どもや保護者に不安を与えたり、地域の信頼の低下をまねいたりする等、痛手を受けることが出てきます。しかし、学校関係者は判決内容に目を背けることなく、判決内容から「未然防止」と「再発防止」の方策を探究し、安全対策を立案・実行していくことこそ、信頼回復につながることを認識していただけたらと思います。

ここでは、いじめや教師の体罰による被害、部活動中の事故、教育活動中の事故等々の比較的新しい判例を取り上げ、学校の安全対策と、子どもたちが安心かつ快適な学校生活が過ごせるようになるにはどうしたらよいかを、考えていきたいと思います。

1　プール事故

市立小学校一年の女子児童が、夏休みに学校でのプール学習中に溺死した事故に対して、被害女子児童の両親が、京都市と京都府に対して国家賠償請求をした事案です。*　裁判での争点は、担当教諭三人の監視義務違反や、管理職者の指導監督義務違反などの注意義務違反でした。まず、事故が発生した時の状況を説明しましょう。

事故のあらましと争点

当日のプール学習担当教員は三名。亡くなったA子さんは、午後一時からの学習グループに入り、低学年六九名で練習を始めました。午後一時から一時一〇分頃まで、子どもたちは水中で準備運動を行い、続いて二〇分頃までは二人一組で、特定の姿勢で潜る練習を行いました。事故が起こる直前、担当教諭三人は、プール内に大型ロングビート板四枚、中型ロングビート板二枚、円形ビート板一〇枚を浮かべて、均等になるように調整します。これらのビート板は本件プール全体の面積の五・八パーセントを占めます。これが、教諭らの監視を困難にしてしまう結果となるのです。

事故が発生した時刻、一時四五分の時間帯には、子どもたちが一斉にプールに入って自由遊泳を始めました。A子さんは、プールサイドの南側のベンチにいたX教諭に「遊ぼう」と声をかけます。X教諭はプールに入り、南側中央部分でA子さんを持ち上げたり、水につけたりしていました。すると周辺にいた他の子どもたちが集まってきたため、X教諭は同様に他の子どもたちを持ち上げたり、水につけたりしていました。その後、X教諭の担任する三年

＊——京都地裁平成二六年三月一一日判決、判例時報二二三一号八四頁。

生の子どもたちが近づいてきて、追いかけっこに加わるよう誘われたため、A子さんがいるプール南側中央を離れます。この自由遊泳を開始した頃、C教諭もプールサイドで子どもたちの様子を見ていました。

X教諭は、三年生の子どもたちと追いかけっこ遊びを繰り返していましたが、X教諭の位置から一・五メートルほど離れたプール中央北側で、水中で顔を下にし、うつ伏せになって浮遊しているA子さんを見つけます。異常を察したX教諭は、すぐにA子さんを北側のプールサイドに引き上げて心臓マッサージを開始。さらにZ教諭、C教諭も異常を察知し、他の教諭等も関係機関に連絡を取り対応をします。連絡を受けた警察官も心臓マッサージや人工呼吸等の救命処置をしたのですが、残念ながらA子さんは病院に搬送後、死亡しました。

この事件の争点は、前述した注意義務違反のほか、三人の担当教諭等のプール水深の事前確認・情報共有義務違反、プールの水深調整義務違反等々です。これまでもたびたび述べてきたことですが、学校・教師は、子どもたちを学校管理下においた場合は、生命・身体の安全配慮義務・注意義務があります。本事件の争点の内容はその二つの義務の違反に当たります。

裁判所の判断

裁判所は、プール水深の事前確認・情報共有義務について、「小学校低学年のプール学習を指導する教員は、身長が低く、泳げない児童の安全を守るため、事前にプールの水深を確認したり、水深の情報を担当教諭間で共有したりするなどの配慮を行うべき注意義務を当然に負う」と判示します。

三人の教諭等は、事前に情報の引き継ぎや確認作業をしていなかったのです。過去のプール学習では、事故は発生していなかったかもしれませんが、それが「慣れ」の恐ろしさです。水泳は危険な要素を含むものです。点検作業を怠ってはいけない、という教訓がここから浮かび上がってきます。

監視義務違反については、「本件事故が発生した自由遊泳は、遊びの要素が多く、秩序維持が困難な上、本件プールには、大型ロングビート板四枚等の多数のビート板が浮かべられており、児童の監視はより困難な状態であった。これらの事情からすれば、担当三教員は、事前に十分な監視体制を協議・検討して、担当教諭の指導監督が行き届くよう、一度に本件プールに入る人数を制限したり、専任の監視係を設けて責任分担を明確にしたりするなど万全の監視体制を構築し、参加児童全体を常時注意深く見守る注意義務を負っていたものというべきである」とし、本件事故当時の三教諭は「事前に監視体制を検討することなく漫然と本件プール学習に臨んでいた」と判示します。さらに校長等の児童監督義務違反も認め、学校設置管理者に被害者A子さんの両親に損害賠償支払いを命じたのです。

事故は、「慣れ」や「油断」から発生します。さらに本件は、事故発生時にすべき迅速な対応という点も、十全なものではなかったようです。AEDを取りにいくことに集中してしまい、一一九番通報を指示しなかった等々、事故時の適切でない対応が、判例から読み取れます。**学校保健安全法**第二九条は「危険等発生時対処要領の作成等」を義務づけていますが、作成しただけでは万全ではありません。実際に事故が起こったときに十分な対応ができるようにしなければ、二九条の意義は達成することはできません。こうした判例から、二度と事故を起こさないという決意のもとに、具体的な対策立案をしていただければと思います。

2　柔道部活動中の事故

二〇一四年一一月八日付の朝日新聞「記者有論」で、スポーツ部の記者が、「部活中の重大事故 教師個人の責任を問え」というタイトルで、学校スポーツ部活動中の「虐待ともいえるスポーツ指導で重大事故を招いた賠償責任は、学校だけではなく教師個人も負うべき」だと問いかけ、最後に「判例を見直してほしい」と訴えていました。

養護教諭の先生方の研修会に行くと、必ずと言ってよいほど、事故に対する個人責任が問われないかという質問を受けます。これについてはたびたび言及してきましたが、学校教育活動中の事故について、「履行補助者」である教師個人は損害賠償責任は負うことはありません。*

ここでは、この朝日新聞の記者が問題にした、町立中学校柔道部員死亡事故事件の例から、教師個人の損害賠償責任について考えていきたいと思います。

事件のあらましと争点

A君は、柔道では県内でも強豪の中学校に進学、柔道部に体験入部をし、仮入部、正式入部の過程を経て、柔道部の練習に参加していました。それまで柔道経験のなかったA君は、もう一名の柔道未経験者と比較しても体力的には劣り、基礎練習や、受け身など柔道技術を習得するにも時間がかかっていました。さらにA君は正式入部後に、胃腸にくる風邪やケガなどで練習に欠席がちで、両親は副顧問に対して、A君が喘息の持病があるから練習では配慮するよう求めていました。

事故当日（平成二一年七月二九日）、練習は午後一時頃から柔道場で開始され、寝技練習、打ち

*——判例時報二一七四号八六頁。

込み練習、乱取り練習などが行われました。A君は一八本目の乱取り練習以降、相当程度脱力をし、練習で倒れたあとにすぐに立ち上がれない様子が見られました。

そして、顧問教師（被告）と二六本目の乱取り練習で、A君は顧問教師に大外刈りをかけ、返し技で倒されたときに、意識を失ってしまいました。顧問らは柔道着を脱がせて水をかけたり、頬を叩いたりしたのですが、A君の意識が回復しないため、救急車を呼び病院に搬送しました。病院では医師から、急性硬膜下血腫を発症していると診断され、開頭手術を受けたのですが、八月になって全脳梗塞の状態となり、死亡してしまったのです。

両親は、死亡事故の原因は顧問教師の過失であるとして、学校設置者、顧問教師、校長らを相手取り、損害賠償請求裁判を提起したのです。

裁判所の判断

平成二五（二〇一三）年五月一四日、大津地裁は以下のような判決を出しました。[*]

被告顧問に対しては、「本件柔道部の顧問として四年余りの経験を有し、相当の柔道経験のある」のであるから、「一五本目の乱取り練習の終了後の水分補給時における上記亡Aの行動を認識した時点で、亡Aの頭部に損傷が生じた可能性を予見し、直ちに亡Aの練習を中止させ、医療機関を受診するなどの指示をすべきであった」にもかかわらず、それを怠った過失があるとし、学校設置者に損害賠償の支払いを命じました。顧問の責任については「公務員として職務を行うについて亡A及び原告に損害を与えたものとみるほかはないから、個人としての責任を負うことにはならない」として、原告の主張を斥けました。

顧問の賠償責任を認めない、この判決を不服とした原告両親は控訴するのですが、そこで

＊——判例時報二一九九号六八頁。

主張したことは、顧問教諭の行為は職務上の行為ではなく「柔道の指導の域を超える虐待」に該当する行為で、**国家賠償法**第一条一項にいう公権力の行使ではなく、**民法**第七〇九条に基づく不法行為責任を負うべきだとしたのです。そして、公務員の行為が「公権力の行使」や「職務」に当たるとしても、過失さえ認められれば、被控訴人個人の責任は認められるべきで、「学校事故という本件個別的状況に照らすならば、本件における柔道部の練習及びそこで具体的に生じた状況において、公権力の行使としての特殊性を認めるべき特段の事情は存在しない。同様の状況は、私立学校における課外活動においても同様に生じ得るものであり、その場合の教師の注意義務が異なることもあり得ない」とも主張します。

控訴審である大阪高裁は平成二六（二〇一四）年一月三一日に次のように述べ、原告両親の主張を斥けます。*

「被控訴人には、少なくとも、部員の健康状態を常に監視し、部員の健康状態に異常が生じないように配慮し、部員に何らかの異常を発見した場合には、その状態を確認し、必要に応じて医療機関への受診を指示し又は搬送を手配すべき義務があるところ、これらを怠った過失があり、その過失と亡Aの死亡との間には相当因果関係」がある、と認定します。しかし第一審同様「公務員として、その職務を行うについて、上記過失によって違法に亡A及び控訴人に損害を与えたものであり、町は、控訴人に対し、国賠法一条一項に基づく損害賠償責任を負うが、被控訴人個人は、その責任を負わない。」

原告両親はこの判決も不服として、顧問教師の法的責任認定を最高裁にゆだねるべく、上告をしました。この項目冒頭で紹介した新聞記者の主張は、この最高裁判決が出される前に、一石を投じるものでした。しかし最高裁でも、二〇一五年二月五日付で上告棄却の決定をし

*——判例集未登載。

ます。つまり、たとえ「虐待」に近いような指導でも、教育活動中の事故ならば、教師個人は損害賠償責任を負うことはないということです。

柔道指導のありかたについて

私は、柔道は重篤な事態を引き起こす危険性が高い競技であるということを、指導者が徹底して認識すべきだと思います。校内研修などで、特に中学校では格技が必修となっているので、養護教諭の先生方はぜひそのことについて主張してほしいと思います。そのような認識を持たずに「虐待」のような指導をした場合には、指導者資格を剥奪する、部活動指導者としての任務を解く、というような措置をとるべきです。

柔道について、最高裁は、「技能を競い合う格闘技である柔道には、本来的に一定の危険が内在している」とこのように判示しています。

「学校教育としての柔道の指導、特に、心身共に未発達な中学校の生徒の指導に対する柔道の指導にあっては、その指導に当たる者は、柔道の試合又は練習によって生ずるおそれのある危険から生徒を保護するために、常に安全面に十分な配慮をし、事故の発生を未然に防止すべき一般的な注意義務を負う。[*]」

事故を繰り返さないためには、このことを第一義的に考慮し、指導に当たるべきでしょう。そして、指導に当たっては本件第一審が示すように、「部員の健康状態を常に監視し、部員の健康状態に異常が生じないように配慮し、部員に何らかの異常を発見した場合には、その状態を確認し、必要に応じて医療機関への受信を指示し又は搬送を手配」する姿勢を持っていなければなりません。

*——最高裁平成九年九月四日第一小法廷判決。判例タイムズ九五五号一二六頁。

部活動指導者は、みずからの経験をもとにケガや異変を軽視する傾向にありますので、学校管理者は「生命・身体の安全」について十分に認識しなければならないことを部活動指導者に徹底し、常日頃から、生徒に目を配り、異変には適切かつ迅速な対応を取る態勢をとるよう促すべきです。

3　林間学舎での転落事故

日本経済新聞は二〇一五年二月二五日付で、「学校事故・事件の原因究明　検証委設置は二割」という見出しを掲げた記事を報じました。文部科学省が、全国の学校で発生した事故や事件で子どもたちが死亡したり後遺症が残ったりした事例を調べたのは、初めてだそうです。

養護教諭の先生方は、独立行政法人**日本スポーツ振興センター**（以下、スポーツ振興センター）では、毎年、学校事故によって「災害給付」を行った件数と、災害事例についての統計を出していることは、ご承知のことと思います。

学校事故によって子どもが死亡したり重篤な後遺障害が残った場合には、子どもの教育を受ける権利が侵害されたことになります。その救済の手だてとして一般に知られているのは、現在のところ、スポーツ振興センター法に基づく医療費の給付、死亡見舞金、障害等級に応じた障害見舞金等の災害共済給付です。ただし、重篤な後遺障害を残すような事故にあった場合には、スポーツ振興センターが給付する見舞金では、その後の生活を保障するには十分でないことは、明らかです。

学校事故を防止するためには、「学校では事故を起こさない」という「体制と態勢」を整備しておくことが、何よりも大切です。そのためには、実際の学校事故の事例から学び、事故原因を分析し、迅速な対応と再発防止措置を講じておくことが必要ではないでしょうか。そこでこの項では、大阪地裁が平成二四（二〇一二）年一一月七日に出した判決*を通して、事故の未然防止と再発防止について考えていくことにします。

事件のあらましと争点

小学五年生の女子児童Aさんは二泊三日の予定で在籍する小学校が実施した林間学舎に参加、民宿に宿泊しました。宿泊二日目、Aさんは夕食前の入浴及び休憩時間であった午後五時三〇分頃、友人たちと共に、引率教員が在室していない民宿二階の部屋で遊んでいました。Aさんはこの部屋の「西側出窓のカウンター部分に上がり、更に後方にもたれようとして、本件出窓の窓ガラス側に上半身を傾けたところ、本件出窓の窓ガラスが開いていたため、そのまま本件出窓から建物外の地面に転落し、頭部を地面に打ち付けて、脳挫傷等の傷害を負っ」てしまいました。Aさんと両親は、事故原因は引率教員等の過失によるものだとして、学校事故設置者に、**国家賠償法**第一条一項に基づき、損害賠償請求訴訟を起こしたのです。

Aさんらは、事故原因は「本件出窓の危険性に照らすと、本件小学校の教員らは、小学校の林間学舎で小学生を宿泊させる際、宿舎の構造や施設、運営等が安全なものであるかを事前に視察して確認し、宿泊する当日には、子どもたちに宿舎の施設の安全性や危険防止方法について注意し、危険が生じ得る場合は、子どもたちの近くにいて、危険を防止する措置を講じるべき注意義務があった」等の主張をします。一方、被告側は、「教員らは、本件事故の

*——判例時報二一七四号八六頁。

発生を予見することができなかった」、各部屋を見回った際には「子どもの様子を確認したうえで、適宜、指示及び注意を行うなどして必要な指導監督を行っていた」などと反論したのです。

裁判所の判断

判決は、「小学校の教員は、その職務上、教育活動において子どもの生命身体の安全に配慮すべき注意義務を負う」とし、その内容を「林間学舎のように、子どもが親権者の監護状況を離れて、日常生活における状況と比較して、相対的に少ない教員らにより、日常生活と異なる生活空間で、友人らと宿泊するような場合には、子どもらの監護が日常生活の場合と比べて手薄になる反面、子どもらが非日常的な体験をすることで、通常であればしないような行動に出る蓋然性が高いのであるから、子どもらを引率して、学校教育の一環として林間学舎を実施した本件学校の教員らは、子どもらに対し、その安全性に配慮して、生命身体に対して危険があると具体的に予見可能な場合には、生命身体に対する危険性を告げるなどしたうえで、そのような危険な行為をしないように適切な指導をし、子どもらが遵守すべき内容を注意喚起すべき注意義務を負っている。」と判示します。

学校を離れた場で留意すべきこと

判決は、原告の過失相殺四割を認定したうえで、学校側の過失を認め、損害賠償の支払いを命じました。

すでに指摘しましたが、学校側の「慣れ」が、往々にして事故を招来する危険があります。

学校側が裁判で、本件宿舎は原告Aの「異常な行動を伴わない限り、誤って転落するような構造ではない」とか本件宿舎の「客層の半分程度は、学校行事関係者の小学生で占められているが、本件事故が発生するまでの四〇年間、本件宿舎の窓から人が転落するという事故は、一度も発生していない。」と主張していることからもそれがうかがえます。

確かに、過去に事故が一度も発生していない場合、事故発生は偶発性が高いと言えるかもしれませんが、ふだんの学校生活を離れて学校行事を行う場合には、過去に事故が一度も発生していなかったとしても、担当教員は事前視察を行い、チェックシートを作成し、引率教員全員で情報共有しておくことが大切です。そのうえで、子どもたち自身にも、班ごとに危険箇所のチェックをするよう指導するなど、さまざまな方法で、未然防止・再発防止ができるはずです。

学校側は、本件林間学舎を実施するうえで「①野外活動の楽しさを味わいながら、計画を立てて積極的に実践する力を養うこと、②班活動を通じて、互いに協力し合い、助け合いながら友だち間の交流を更に深めること、③集団生活の規律を守り、自主性、社会性及び協調性を養う」という目的を掲げていました。その中に、宿舎では安全に、安心して過ごすという項目も入れておくのはどうでしょうか。

判決は、「林間学舎においては、子どもらが日常生活ではとらないような危険な行動に及ぶ可能性があることに照らすと、自主性を尊重するとの理由で、子どもの生命身体に対する危険を防止すべき措置を講じる義務を免れるというべきではない」とも判示しています。野外活動など、ふだんの学校生活を離れて各種行事を行う場合に留意すべきこととして、本件判決を参考にしてくださると幸いです。

4　ソフトボール部活動中の事故

学校のスポーツ部活動指導者の集まりで、部活動中の事故で裁判になってしまった事例を紹介すると、「指導するのが怖くなった。辞めたい」という反応が常に出てきます。

教育活動中の教師には、子どもたちの生命・身体の安全配慮義務、注意義務が生じることは、たびたび指摘してきました。しかし、ここで改めて強調したいのは、安全配慮義務、注意義務に対する違反が裁判で問われた場合、先生方はあくまで「履行補助者」であり、直接の法的責任（損害賠償責任）は、公立学校の場合であれば自治体、私立学校であれば学校法人が負うことになるということです。

ここでは、部活動中の事故裁判で、顧問教諭の過失責任が否定された事例*を取り上げ、部活動指導の際の注意義務について考えていくことにします。

*——千葉地裁平成一四年四月二二日判決、判例時報一七九三号一一六頁。

事件のあらましと争点

中学三年の女子生徒（原告）は、放課後、中学のグラウンドの一角で、ソフトボール部の他の部員一〇数名とともに練習を始めました。原告はBを相手に、打者の斜め前からボールを軽くトスし、これを打者が正面にあるネットに向けてフルスイングで打ち返すという打撃練習方法（以下「本件練習方法」）による練習を行っていましたが、原告が、左バッターであるBに向かって右斜め前からトスを出していた際に、同人が打ったボールが原告の左顔面を直撃する事故が発生し、左上顎骨骨折、左眼球打撲、歯牙打撲等の傷害を負ってしまったのです。

原告は、本件事故は、顧問教諭の練習方法に過失があったためだとして、学校設置者に対し、**国家賠償法**第一条に基づき、損害賠償を求めました。

原告は、本件の練習方法は、このような重大な事故を発生させる危険性を持つものである、と主張しました。一つは、ソフトボールは硬く、至近距離でボールが当たった場合の衝撃力は極めて大きく、顔に当たった場合には、骨折など重大な傷害を与えることは必至である。二つは、中学生のソフトボール部員では、いかに練習に励んでも、経験が浅く、技術的には未熟であるから、バットの振り遅れなどで、ボールの方向性が狂うこともあり、みずから危険性を回避する能力も十分備わっていない。顧問教諭は指導に当たって、技術向上のみを優先することなく、事故発生の危険性を予見して、生徒に危険が及ばないよう、万全の対策を講ずる義務があった。つまり、事故を防ぐための防護フェンスを用意したり、トスをする者にマスクを装着させたりするなど、防具を備えておくべきであった、というのです。さらには、打球方向が狂った場合には、トスをする者には大きな危険が及ぶことを生徒に認識させ、どのようにトスを打てば良いか、理論的に正しく指導するとともに、生徒に対し、良くないトスを無理に打つことの危険性についても、常日頃から説明し、指導を徹底する義務があった、等々と主張しました。

裁判所の判断

それに対し裁判所は以下のように判示し、顧問教諭の過失はなかったとして、原告の主張を退けるのです。

「本件ソフトボール部は、平日の授業前、放課後に毎日、さらに土曜日、日曜日と長時間の練習を行っていたが、顧問教諭は、その練習にほとんど立ち会って指導し、トスされたボールを打つ練習についても、段階的な練習方法により継続的に実施してきたこと、本件練習方法についても、通常必要とされる指示、説明をしていたこと、途中で入部した原告に対しては集中的に指導し、その結果、入学当初から練習してきた生徒と同等の技術水準に達しており、原告及びBともに本件練習方法を実施できる段階に達していたことが認められる。これに、本件練習方法は、打撃技術練習の初歩的段階として一般に実施されている練習方法であることを総合勘案すると、本件練習方法は、打球がトスする者に向かって飛来した場合、打ってから〇・二二秒あるいは〇・一七五秒でトスする者に到達することから、トスする者がとっさに打球を避けることは非常に困難であるとしても、一般にスポーツに内在している一定程度の危険性以上の危険性を有する練習方法であるということはできず（なお、本件事故発生時に、Bが特に強振したと認めるに足りる証拠はない。）、本件練習方法を実施するに当たり、顧問教諭に、前記に認定した以上の指導をすべき安全配慮義務があると認めることはできないというべきである。また、本件練習方法の実施にあたって、防具をつけさせたり、防護フェンスの陰からトスを上げさせることが、一般的であるとの証拠はないから、仮に、これをすることが可能であり、より良い方法であったとしても、これをしなかったことに対して、安全配慮義務違反であると認めることもできない。」

事故を防ぐために　最大限の配慮と日ごろの取り組み

裁判所は、顧問教諭はほとんどの練習に立ち会って、段階的かつ継続的な練習方法を取り入れ指導していた、と認定しています。また、途中入部の原告に対しても、集中的に指導をして、技術力の向上を図っていたと判示するのです。そのうえで、スポーツに内在する一定程度の危険性以上の練習方法ではなかったから、顧問教諭には指導上の過失がない、と判断しました。

スポーツには一定程度の危険性が内在しています。そして各スポーツは固有の競技規則のもとで実施され、当事者は、その競技規則の制限内の危険性については受忍する、という原則のもとで参加しています。ですから、事故を防ぐための丁寧な指導方法が要求されるのです。大切なことは、負傷をしてしまった生徒のケアと、二度と事故を起こさないという心構えです。

本件の場合、裁判所は、ソフトボールの練習には、防護ネットを設置したり、トスの際にマスクを着用したりすることは、一般的でないと判示しています。しかし私は、安全ネットは必要ではないかと思いますし、中学生であるからこそ、トスをする側にはマスクやプロテクターの着用を指示しておくべきと思います。そのうえで、スポーツには危険性が内在していることを十分認識しておくよう、指導する必要があるのです。

スポーツ基本法第一四条は事故防止のために、指導者の研修、施設の整備、スポーツ用具の適切な使用にかかわる知識について国及び地方公共団体について必要な措置を講ずるよう定めています。事故防止のために、定期的な指導者研修、施設設備の日常点検の実施、用具の適切な使用方法に配慮する等々、未然防止と再発防止に向けた取り組みを日頃からしておくことが、子どもたちの生命・身体の安全保持につながることを認識しておくべきでしょう。

5　野球部暴行事件

ここでも、学校側の安全配慮義務違反が否定された事例を取り上げて検討をしたいと思います。

教育課程外活動として、部活動を奨励している学校はたくさんあり、特に私立学校においては、スポーツ部活動などで好成績をあげさせ、生徒の募集に活用しているところもあるようです。この部活動指導も、教育目的を達成する一環として行われていますので、当然に法的責任が伴います。そのことを、公立・私立の学校管理者及び部活動指導者は、熟知しておかなければなりません。

部活動指導中のいじめ、事故等により安全配慮義務違反、注意義務違反が問われるケースは多々あります。指導者は日常的にどのように子どもの生命身体の安全配慮措置、指導方法をとっておけばよいか、今回は私立高校野球部内における上級生のいじめ暴行事案から安全配慮義務について検討してみたいと思います。[*]

事件のあらましと争点

私立高校野球部員A君は、上級生から、練習中やその前後に、いじめ、暴行等のいやがらせを頻繁に受けたために学校を休みがちになり、かつ精神的に不安定となってしまいました。結果として退学を余儀なくされたA君が両親とともに、いじめ等の行為を行った上級生に対して、不法行為に基づく損害賠償請求を、野球部顧問と学校設置者に対しては保護監督義務違反、安全配慮義務違反を理由とした債務不履行責任に基づく損害賠償を求めたのです。

＊——大阪地裁平成一二年九月一二日判決、出典、判例時報一七六五号八六頁。

野球部内でのいじめ、暴行等の行為は以下のようなものでした。

被告の上級生Xは、A君が他の上級生Yから昼休みに更衣室に呼び出され、練習中の態度が悪いと注意を受けるとともに、顔面を殴るなどの暴行を加えられていたところ、その途中からA君に対して濡れたモップで顔や腹を押しつけたり、練習中の返事のしかたが悪かったとして、ピッチング練習用のビニールテント内でA君の腹を四、五回、殴打し、足蹴にするなどの暴行を加えました。その後Xは、A君をグラウンドの裏に連れていき、A君を正座させたうえで、顔面をさらに七、八回殴打し、胸部を三、四回足蹴にするなどの暴行を加えました。

その後もA君は、「野球部を辞めろ」などと罵倒されたり、一年生が交代で練習後のボールを片付けることになっていたにかかわらず、A君が当番のときに、グラウンドにボールが残っていたことを理由に、四か月間も当番を強制されたりしました。その後も暴力は続きます。

A君は、一年生の冬から学校を休みがちになったため、父親が学校を訪れ、担任のE教諭と面談を行い、さらに翌月にはC、D、Eらの各教師と、A君の進級について話し合いをしました。席上、父親はA君が野球部内で暴力を振るわれたり、雑用を命じられたりするため、精神的に影響が出て、精神科に通院をしていることも伝えました。

しかしA君は最終的に、退学を余儀なくされてしまいました。そのため、その原因を作った上級生、顧問教師、学校側を相手に、損害賠償を請求することにしたのです。

学校側への請求理由は、「本件野球部では、二年生から一年生に対する執拗な暴力等のいじめ行為が蔓延していたが、被告顧問教諭自身、自ら野球部の練習中に野球部員に対して、暴力を振るうなどしており、右指導方法がかかるいじめ行為を助長した。顧問教諭は、二年生の暴力行為が発覚した時点で、その実態を調査し、原因を究明するとともに効果的な指導をすべきであった。また顧問のとった行為は、いずれも表面的なものに過ぎず、十分な対応とは言えなかった。」等というものです。

上級生の暴力が発覚した時点での顧問の対応は、「暴力を振るった二年生を注意するとともに、暴力を振るわれた一年生と握手させて謝罪をさせ、今後このようなことがないように注意した」り「反省文を書かせた上、一か月間のユニフォームの着用を禁じ、秋の公式戦への出場を禁止する」というものでした。

裁判所の判断

裁判所は、「私立学校の教職員は、教育基本法及び学校教育法等の法令並びに在学契約の趣旨、その職務内容・性質等に鑑み、学校における教育活動のみならず、課外のクラブ活動などこれと密接に関連する生活関係について、生徒によるいじめその他の加害行為から生徒を保護すべき義務がある。」としたうえで、次のように判示しました。

「本件のように、心身が相当程度発育し、是非分別もわきまえた高校生の指導に当たっては、生徒一人一人の人格と自主性を尊重する必要もあり、教師による生徒への学校生活への過度の介入は必ずしも適当とはいえず、教師としても、生徒の自律を信頼し、期待し得べき状況にあると言えるのであって、より低年齢の生徒を指導をする場合と比較して保護監督義務及び安全配慮義務の程度も相対的に低い。」

そして、暴行を加えた二年生に、ユニフォームを着せず、公式試合の出場を禁止するなど、

「甲子園を目指して練習に取り組んでいる野球部員にとって相当厳重な処分を与えて、再発防止に努め」ていたことや、その後も原告から個別に事情聴取をしたり、家庭訪問をするなどして「事案の解明及び改善に努めていた」ことなどを評価し、学校側に債務不履行責任はないと判示しました。

判決から学ぶ

養護教諭の先生方も、部活動の顧問をされている方も多いことでしょう。部活動は日本の学校に独特の文化として定着していますが、部員同士のいざこざに日々対応に苦慮されている先生方も多いのではないでしょうか。部活動指導も教育目的を達成するために重要な職務の一つになっていますから、指導中の安全配慮や、危険行為を制止したり、危険を予見・回避することを怠ってはいけません。本件は、上級生のいじめ・暴行が一人の部員を精神的に追い込み、退学に至ってしまったという、いわば教育を受ける権利が侵害された事案です。

判決は、学校側の対応を評価し、高校生くらいになれば「心身が相当程度発育し、是非分別もわきまえ」ているのだから、学校側には法的責任は及ばないとしました。しかし、私は、本事案に関して学校側の教育責任と道義的責任は免れないと思います。学校は、子どもたちの成長発達権を保障する機関として設置されています。その学校の野球部で顧問自身が暴力を振るっていたのですから、その暴力行為には厳しく対応しておくべきでした。顧問の暴力的体質は必ず部員に伝播します。スポーツ部活動は「スポーツに親しみ、楽しむ」という目的もあります。養護教諭の先生方が顧問をされている部活動では、このことを目指して部員に達成感や感動を与えることを主眼におくと、良質な部活動ができるのではないでしょうか。

6　テニス部活動中の熱中症事故

ここでは、部活動中の熱中症事故事件で地裁と高裁が異なった判断をした事件を取り上げ、部活動中の顧問教諭が果たすべき注意義務について考えていきましょう。

学校教育活動中の注意義務とは、迫り来る危険を予見し回避する義務や、子どもたちが危険行為をしていたら制止する義務、さらにはいじめなどを発見したら指導監督する義務などが該当します。学校部活動中は、顧問は通常は一般的な注意義務を果たしていれば良いとされていますが、事案によっては部員個々の能力等を勘案して高度の注意義務を果たさなければならないことが要求されることもあります。

事件のあらましと争点

A子さんは、県立高校二年生に在籍し、テニス部に所属し練習に励んでいたところ、平成一九（二〇〇七）年五月に市営テニスコートで練習中に突然倒れて心停止状態になってしまい、低酸素脳症を発症して重度の後遺障害が残ってしまいました。

A子さんと両親は、本件事故の原因は高校テニス部顧問教諭らの義務違反があるとして**国家賠償法**第一条一項又は**在学契約**に付随する安全配慮義務による損害賠償請求権に基づき提訴しました。[*]第一審である神戸地裁は平成二六年一月二二日に原告A子さんらの主張を斥け、学校側に過失はないとしましたが、控訴審である大阪高裁は平成二七年一月二二日に、一転してA子さんらの主張を認め学校側の過失を認定し、損害賠償の支払いを命じたのです。

原告は、「事故当日のテニスクラブの練習時間はふだんより長く、最も暑い時間帯で行われ、

*――判例時報二二五四号二七頁。

運動強度は非常に強く、過密な練習メニューであった、従前から顧問教諭による厳しい指導により、練習は常時緊張状態で行われていた。練習中に抜けて適度な休みや水分をとることは難しい状況にあった。顧問は、部員らに対し、水分摂取の量や時期について、具体的な指示をしたことはなかった。部員には、顧問教諭が不在の時でも、同教諭の指示は守らなければならないという意識があったこと、本件テニスコートは市営であるため利用時間が限られており、顧問教諭及び部員共に、その利用時間を有効に使わなければならないことという意識も有していたこと、そのため部員らにおいては十分な休憩をとることは容易ではなかった」ことなどが原因で本件事故を招来したと主張しました。

さらにA子さんは、キャプテンを務めており、顧問不在の中で他の部員に当日の練習の指示を行い、率先して練習メニューをこなさなければならないという強いプレッシャー、焦りなどもあったとも主張されました。

裁判所の判断

第一審判決は、A子さんの「心停止の原因が熱中症と認めるだけの根拠はないとしたうえで、仮に熱中症が原因としたとしても、A子は自主的に休憩をとることは可能であった」として顧問教諭らの過失を否定しました。

この判決を不服としたA子さんと両親は高裁に控訴するのですが、大阪高裁は、課外のクラブ活動であっても「それが公立学校の教育活動の一環として行われるものである以上、そのの実施について、顧問の教諭には、生徒を指導監督し、事故の発生を防止すべき一般的な注意義務がある」と判示しました。さらに高裁は「もっとも、高校の課外クラブ活動は、生徒の成長の程度からみて、本来的には生徒の自主的な判断によって定められているのが通常であると考えられるから、注意義務の程度も軽減されてしかるべきである。」としながらも、具体的な注意義務として「顧問が練習メニュー、練習時間等を各部員に指示しており、各部員が習慣的にその指示に忠実に従い、練習を実施しているような場合には、顧問としては、練習メニュー、練習時間等を指示・指導すべき義務があると解するのが相当である。」と言います。そして「本件テニス部では、顧問である教諭が練習メニュー、練習時間等を各部員に指示し、各部員は、これに忠実に従った練習を行っていたことが認められる。そうである以上、本件において、教諭には、本件練習メニューを指示するに際して、各部員の健康状態に支障を来す具体的な危険性が生じないように指導しなければならない義務があったというべきである。」と、一転して顧問の危険予見・回避義務違反を認めたのです。

判決から学ぶ

学校部活動は、判決も示すように部員の自主性、自治性を通して社会性を身につけさせるという目的がありますが、顧問が日常的に厳しい練習メニューを作成し、部員に強要しているところもあります。また、部の雰囲気で、部員は顧問が示した練習計画や指導方法が絶対であるという認識に陥りがちになります。部員自身が体調不良の申告ができない雰囲気が出てきてしまうところに、部活動の大きな問題があります。

第一審では熱中症の罹患を否定しましたが、高裁では、熱中症の発生機序について詳細に検討しています。例えば「学校の管理下における熱中症死亡事故は、ほとんどが体育スポーツ活動によるもの」、「①それほど高くない気温(二五〜三〇度)でも湿度が高い場合に発生していることが認められる。そして、その他の熱中症の発症リスクに影響を及ぼす要因としては、②暑さに対する慣れ（暑熱馴化）、③水分補給、④透湿性・通気性の良い帽子・服装の活用、⑤生活習慣（睡眠不足、風邪、発熱、下痢などの体調不良等）が挙げられている。」と述べています。

熱中症による事故は、最悪の場合死に至るケースもあります。それだけに指導者は熱中症の要因、対処方法などを熟知したうえで練習メニューを作らなければなりません。熱中症に対する予防は、部活指導者にとっては当然の義務と言えるでしょう。

部活動指導者は、最高裁が示す「学校の教育活動の一環として行われる課外のクラブ活動（部活動）において、生徒は担任教諭の指導監督に従って行動するのであるから、担当教諭はできる限り生徒の安全にかかわる事故の危険性を具体的に予見し、その予見に基づいて当該事故の発生を未然に防止する措置を執り、クラブ活動中の生徒を保護すべき注意義務を負う」[*]と判示していることを深く理解し、指導に当たる必要があるでしょう。

そして、部活動指導中に部員自身が何でも申告できるような雰囲気を作ること、さらには、スポーツ部活動は、勝利を目指すことが重要ですが、教育現場では「目指す過程」での部員の「気づき」を重視していくことが大切なのではないでしょうか。

7 SNSへの書き込みによる停学処分後の自殺

学校は、社会環境の変化にどこまで対応できるのでしょうか？　特にインターネットやSNSを利用した子どもたちの問題行動をめぐっては、適切な対応をとるのが難しく、先生

＊——最高裁判所平成一八年三月一三日。最高裁判例検索ホームページ。

方の日常はますます息が抜けない状態になっているのではないかと思います。教師の教育責任は、日常の教科指導、学習と密接に関連した生活関係の指導、さらに進路指導などの責任がありますが、この教育責任に付随した法的責任があることは、本書でも再三、指摘してきました。

ここではその一つとして、生徒指導上の問題、すなわち高校生がインターネットに不適切な書き込みをしたことで教師から叱責を受け、退学処分になった直後に自殺をしたことで、遺族が損害賠償を請求した事案*について検討してみたいと思います。

*――札幌地裁平成二五年二月一五日判決。判例時報二一七九号八七頁。

事件のあらまし

高校二年生のA君が学校祭に協力しないクラスメイトに不満を抱き、「死ね、OとKとKとWとIは死ね。投してやる(ママ)。ペナでも追放でもしろ。粕ども。塵ども。リア充どもめ……」などと携帯電話向けのポータブルサイトSNSに投稿しました。翌日、クラスの生徒らが「やばいよねー」、「死ねってあったし」といった会話をしているのをX教諭が聞き、当該生徒らに事情を聞いて、携帯電話機の画面に映し出された本件書き込みの画像を、みずからの携帯電話機で撮影をしたのです。

X教諭はこの書き込みについて、生徒指導を要すると判断し、B教頭、C教諭に報告したところ、教頭はC教諭に、A君に事情を聞くよう指示をしました。事情聴取は通常通り二名で行うことを確認し、C教諭がA君に事情を聞き、D教諭が記録をするという方法で、A君に対して「本件書き込みの有無、書き込み内容、書き込んだ理由の確認等」を行いました。

事情聴取の際、A君は「「友だちに対して書き込みをした」旨を述べたあとに「書いてある内容は自分宛に書いた」などと述べたところ、C教諭は「嘘をつくな」などと大きな声で一喝した」、さらに学校側は、過去、A君がクラスメイトから嫌がらせを受けたことや、A君自身がクラスメイトにいたずらをしたことなどをA君に確認しました。生徒指導部の教員から、事情聴取が終了したことを伝えられた担任のX教諭は、担任としてA君の様子を確認したいと思い、面談をしたのですが、その場でA君は書き込みについて、「次の日の朝、まずいと思って、消そうと思ったけれども、ペナルティが課されていて消せなかった」などと述べ、学校祭でクラスメイトが非協力的であることに対して不満を述べるのですが、X教諭は、「今回の表現は行き過ぎである」と注意をしました。そのうえでX教諭はA君に対し、みずから「書き込みを受けた六名の生徒及びA君から嫌がらせを受けた生徒との間に入り、良い人間関係が築けるように協力する」旨を話しました。

学校側は、保護者にも本件事情を報告すべく連絡をし、母親を学校に呼び出すのですが、その席で「反省日誌等の書き方、A君が停学処分になるであろうこと及び反省状況が良ければ学校に来られるようになることなどを説明し、作文用紙及び日誌」を手渡します。

A君は、呼び出しを受けた母親と一緒に帰宅しました。同日午後六時頃、担任のX教諭はA君の家に電話をし、停学処分になった旨を伝えたところ、午後九時五五分頃、A君は自宅二階の自室の納戸で首つり自殺を図り、病院に搬送されましたが一週間後に死亡したのです。

争点

A君の両親は、事情聴取と停学処分の違法性と、A君の死亡との因果関係等々について追及し、**国家賠償法**第一条一項に基づき、損害賠償請求訴訟を提起します。両親の主張は次のようなものでした。

「事情聴取、生徒指導に従事する教師らは、教師らの負う安全配慮義務の一環として、事情聴取を受ける当該生徒に対し、過度に肉体的・精神的負担を及ぼさないように配慮し、また、教師らの行為によって、当該生徒に及ぼした肉体的・精神的負担や衝撃を和らげるために、事後的に適切な処置を執るべき義務を負っている。」

この主張は、生徒指導上留意すべき点ですので、以下の点についても紹介しておきます。

「かかる義務を負う教師らは、事情聴取を行うに当たって、教育目的の範囲内で必要かつ相当な指導を行う一方で、対象となる不正行為の軽重、生徒の年齢・性格・ふだんの行状、事情聴取をすることによって当該生徒が受ける影響等の視点から教育上の配慮を十分にすることにより、当該生徒の生命・身体・精神等への影響を回避あるいは回復する努力をすることが必要である。」

裁判所の判断と、生徒指導上の留意点

裁判所は、事情聴取について、「経過の中には種々問題があるものの、これが国家賠償法一条一項の適用上違法であるとまで認められない」として、原告等の訴えを棄却します。つまり学校側に違法性はないとしたのですが、原告等の主張に対して、「本件事情聴取は、Aに教師に対する不信感を増長させ、Aを精神的に追い詰めるものであり、また、段取りというべきものがなく、思込みに基づく発言も見られるのであって、これらを指摘する原告らの主張には、首肯すべき点がある」として、原告の主張を一部認めています。この点は、生徒指導上の留意点として認識しておくべきだと思います。

なお、停学処分についても「社会通念上著しく妥当性を欠き、裁量権の範囲を逸脱又は裁量権を濫用した違法な処分であるとは認めることはできない」と判示しています。

本件裁判は、原告の訴えは認められませんでした。しかし教師は、いじめや生徒の問題行動を発見したとき、問題解決をし、改善を図るという教育上の責任を果たさなければなりません。最善の策は、指導をする子どもの能力、個性等々を総合的に考慮するということです。先述したように、教師の教育責任には法的責任も伴いますが、法的問題に至らないためにも、解決困難な場合には学校だけで完結するのではなく、外部との連携を積極的に図って対応するべきだと思います。

自校で問題解決を図る場合には、決して強圧的になることなく、問題行動をする子どもに対して「共感をして懸念を示す」という姿勢をとることが教育的配慮ではないでしょうか。SNSへの対応は、今後ますます学校にさまざまな問題としてふりかかってくるでしょう。それにしても先生方の仕事が増えることには、同情を禁じ得ません。

8　野球部活動中の事故

高校野球選手権大会を毎夏、楽しみにしている方も多いことでしょう。猛暑の中、連日見応えのある試合が続きます。しかし、なかにはひやりとさせられる場面もあります。相手選手の投げたボールが顔面にあたり負傷退場、次の試合から出場ができなくなった選手。試合中に足がつりベンチに下がった選手など。一つ間違えれば、大きな事故になっていたかもしれません。スポーツには危険が内在していて、当事者はその危険を同意しているという原則のもとで成り立っているのですが、練習中の負傷で、指導上の法的責任が問われることは多々あります。

ここでは高校野球部練習中の負傷事故（失明に至る）を取り上げ、部活動中の安全指導について考えていきたいと思います。*

*――福岡地裁平成一七年四月二一日判決。判例時報一八九六号一三六頁。

事件のあらましと争点

県立高校一年の野球部員A君は、放課後練習に参加していました。X教諭が他の部員B君のバッティングを指導していたとき、B君が離したバットがA君の左眼に当たってしまい、失明してしまったのです。A君と両親は、事故原因はX教諭の職務上の過失によるものだとして、**国家賠償法**第一条一項に基づき、学校設置者に損害賠償を求めました。

なおこの時の練習方法は、「バットでボールを打たせるのではなくB君のスイングを改善するため、バットを握らせ、スイングの途中でバットを手離させて防球ネット方向にバットを放らせる」というものでした。なお、X教諭は野球部の指導教員ではありませんでした。

A君等は、事故は学校教育活動の一環として行われている部活動の練習中に起こったものだから、教諭等は事故を未然に防止する注意義務違反があった、またこの練習方法は「高校の野球部の練習方法としては普通ではないものであり、このような練習をさせたということ自体にも過失」があると主張しました。さらに校長に対しては、各教員に事故が起こらないように周知徹底する職務上の注意義務がある等々と主張しました。

裁判所の判断

判決は、指導をしていた教諭の過失を認め、学校設置者に損害賠償の支払いを命じました。その理由について見ていきましょう。

「本件野球部の練習に当たる者は、部員の生命や身体に危険が及ばないように配慮して事故の発生を未然に防止すべき一般的な注意義務を負う」としたうえで、「X教諭がB部員に対して指導した本件練習方法は、バットでボールを打たせるのではなく、スイングの中途で重量約一キログラムであるバットを手離させてバットを放らせるというものであり、それ自体が危険性を伴う練習方法であることは明らかであり、また、本件練習方法は必ずしも一般的な練習方法ではなく、B部員も本件練習方法をそれまで一度も行ったことがなかった。」

バットを放らせるという指導がバッティング理論として確立しているのかどうかはわかりませんが、もしX教諭が自分の経験だけで指導をしたとしたら、やはり間違いだと断じざるを得ません。このような練習方法に効果があるとしたら、科学的な裏付けをもって指導をすべきです。部活指導者はみずからの経験と勘をたよりに指導していることが多いようですが、それに加味して、最新の科学的知見と技術理論を常に意識して、指導をしていくべきでしょう。

スポーツ指導においては、判決が言うように「本件練習方法を指導し行わせたX教諭には、原告に対して注意を促し、「バットが当たらないように（筆者注）」移動させるなどして原告の生命や身体に危険が及ばないように配慮すべき職務上の注意義務」があるのですから、練習方法や施設設備、環境等に十分配慮をしたうえで指導を行わなければならないと思います。

安全な指導のありかたと事故対応時の体制

X教諭は当時、ソフトテニス部の顧問でした。顧問をするソフトテニス部の練習終了後、野球部の練習を見にいったところ、ティーバッティングをしていたB君を見つけ、B君に対して指導を始めたとのことでした。同じ学校の教員として、他の部活動の練習の指導を行うことは別段問題があると思いませんが、本来の練習方法ではないことを部員に行わせるという感覚は、理解しがたいものがあります。また部員に唯々諾々と指導者の指導に従わせるのではなく、このような練習は危険だという意識を日頃から持つようにさせておくことも、指導者の役割だと思います。

さらに部活動指導にあっては、先例や判例等で事故事例を知っておく必要があると思います。

ここで取り上げた事故事例のほかに、平成六（一九九四）年五月二四日東京高裁で高校野球部の練習中事故損害賠償請求事件についての判決があります。この事案は、打撃練習中、投手をしていた部員の頭に打球が当たり、半身不随の状態になってしまったものです。判決は、本件練習で取り入れられていた打撃練習は「それ自体は効果的な打撃練習方法の一つとして広く行われているものであって、一般的に是認されるものであるとしても、実施の時間帯や方法の如何によっては投手にとり危険性に高い練習方法であ」るから、安全配慮を怠ってはならないとして、学校側の過失責任を認め、損害賠償の支払いを命じているのです。[*]

通常行われている練習方法にも危険が内在しているのですから、練習の参加者全員が、及び、学校教育の一環として行われるかぎり教職員全員が、その危険性について共有し、事故対応なども認識しておくべきでしょう。

＊——判例時報一五〇三号七九頁。

部活動指導については、元・公立中学校教諭（元・国士舘大学文学部非常勤講師）の野田晋先生が、以下のような提案をしています。

「技術指導をできない教員を無理に管理顧問につけるのはやめ、外部指導者に部活動の終了まで責任をもって担当してもらうようにするのはどうだろうか。*」

私もこの意見にまったく同感で、**スポーツ基本法**第三二条で定める、スポーツ推進委員の活用を促すべきだと思っています。

重要なことは、部活動を学校教育活動の一環として実施するのであれば、部員の自治性や自主性に任せることが本来の意義であるということです。指導者がすべて練習計画を立てて行わせるというのでは、教育目的を逸脱した活動になってしまうと私は思います。

そして部活動指導上の問題について果たすべき養護教諭の役割は、部活指導者に対して、安全指導のありかた、そして万が一の事故対応の両面から、校内研修などで啓蒙していくことでしょう。学校の組織をあげて事故を未然に防ぐ、そして万一、事故が発生してしまったら、迅速な対応がとれる体制と態勢を整備しておくことが大切です。

*——朝日新聞二〇一五年八月二一日付記事。

9 バレーボール部ネット巻き器顔面直撃負傷事故

学校は、子どもたちが登校してきて下校するまでのあいだ、子どもたちの生命・身体の安全を配慮する義務があります。この義務は法律で定められているわけではありません。学校教育を受ける権利保障を充実させるための、学校設置者及び教職員に課せられた義務と言えます。つまり学校と子ども、ひいては保護者とのあいだの信義則に基づく義務です。ですから、学校の施設設備、あるいは授業をすすめるうえでも、安全配慮義務と注意義務は十分に配慮しておく必要があるのです。

中学校でバレーボール用支柱に設置されたステンレス製ネット巻き器を使用して、バレーボールネットを張る作業をしていた生徒A君の顔面を、急激に跳ね上がったネット巻き器が直撃し、前額部挫創、頭蓋骨開放骨折、鼻骨骨折、脳挫傷の傷害を負ってしまった事故裁判*をここでご紹介しましょう。A君の傷害は、**独立行政法人日本スポーツ振興センターに関する省令**第二三条別表九級に該当する、重いものでした。この事例を通して、学校における安全配慮とは何かを考えていきたいと思います。

*——大分地裁平成二六年六月三〇日判決。TKC法律情報データベース。

事件のあらましと争点

原告A君はバレーボール部に所属し、体育館内のバレーボールコートでバレーボール用支柱に設置されたネット巻き器を使用してバレーボールネットを張る作業をしていたところ、ネット巻き器が急激に跳ね上がり、前述したような傷害を負ってしまいました。事故原因は学校側の安全配慮義務違反によるものだとして、学校設置者に**国家賠償法**第二条一項、同法第一条一項に基づき損害賠償請求を行ったのです。

原告側は、バレーボール支柱、ネット巻き器の設置又は管理に瑕疵があった、さらに被告学校側に安全配慮義務違反があったと主張します。それに対して被告側は、バレーボール支柱及びネット巻き器が「公の営造物」であることは認めながらも、設置、構造上の瑕疵はないと主張します。また安全配慮義務違反についても争う姿勢を示しました。

裁判所の判断

事件の直後、学校側は現場付近にいたバレーボール部員らに、「今までバレーボールのネットを張るときに本件ネット巻き器がぐらついたりしたことがないか」と質問をし、また「本件中学校の体育館を利用するバレーボールやミニバレーボールチームの社会体育団体にも同様の質問」を行いましたが、いずれも「ない」との回答を寄せられていました。さらに事故二か月後に、中学校と警察署が合同で「ネット巻き器及びこれと同等品を、同中学校にあった本件支柱とは別のバレーボール用の支柱に取り付けるなどして、バレーボールネットを張る再現テスト」を行いました。

これらの結果をもとに裁判所は、次のように判示します。

「中学生が、バレーボールネットを張るに際し、張力がつき、通常のバレーボールネットを張るより、多少強く二四五〇ニュートン（二五〇kg重）の張力がかかる程度に、本件ネット巻き器のハンドルを回すことは十分に想定されるところであり、この程度の張力で、本件事故当時、本件ネット巻き器が、急激に跳ね上がる状態であったのであるから、本件ネット巻き器は、通常有すべき安全性を有しておらず、その設置又は管理に瑕疵があったものと認められるというべきである。」

さらに被告側が、日常点検の際にも異常は認められていなかったと主張したのに対して、「むしろ、定期点検、あるいは日常点検の方法に問題があったとも思料されるのであり、少なくとも、定期点検、日常点検にて異常が指摘されなかったことをもって、本件ネット巻き器に瑕疵がなかったとすることはできない」と被告の主張を退け、被告側の安全配慮義務違反を認め損害賠償の支払いを命じました。

設備の定期点検と安全確保

公立学校の施設設備、つまり**国家賠償法**第二条一項で定める「公の営造物の瑕疵」について、最高裁は「営造物の設置または管理の瑕疵とは、営造物が通常有するべき安全性を欠いていることをいい、これに基づく国及び公共団体の賠償責任については、その過失の存在を必要としない」と判示しています。[*]つまり、**国家賠償法**第二条一項は「無過失責任を定めているから、営造物が安全性を欠く状態にあり、それによって損害が生じたというだけで国または公共団体の賠償責任を生じ、管理機関の故意過失を問う必要はない」[**]ということになります。

さらに最高裁は瑕疵の有無について「当該営造物の構造、用法、場所的環境及び利用状況等諸般の事情を総合考慮して具体的、個別的に判断すべきである。そして、当該営造物に係る事故の発生が当該営造物の設置・管理者において通常予測することのできない行動に起因するものであるときには、当該営造物が本来有すべき安全性に欠けるところはないと認めることができる」と判示しています。[***]

事故後の検証結果からも、A君の行為は通常予測することのできない行動ではなかったのであり、学校側の安全配慮義務違反を認めた判決は妥当と言えます。

そこで課題となるのは、学校側の日常の安全点検と安全指導です。体育館は多目的に使用されるわけですから、バレーボールネットなどの設備は常置できないでしょう。ですからネットを張る作業を機器を使用して行う場合、納入業者が定期点検を行う際などに、部員の前でデモンストレーションをするなどの配慮も必要です。

さらに、本件事故で裁判所は、日常の定期点検について、その方法に問題があったと「思料」されると言っているように、定期点検の際には学校の責任者は同行し、その様子を確認する

＊――昭和四五年八月二〇日判決。民集二四巻九号一二六八頁。

＊＊――今村成和「学校事故と法的責任」、『季刊教育法』四号一九七二年、一五頁。

＊＊＊――昭和五三年七月四日判決。民集三二巻五号八〇九頁。

ことは当然の義務と言えるのではないでしょうか。

公の営造物の瑕疵によって、子どもたちの生命・身体の安全が損なわれる事態が発生したら、学校側は損害賠償責任を負う。この「無過失責任の法理」について、学校側は認識しておく必要があります。

子どもたちが安全に学校生活を過ごせるように日々奮闘している養護教諭の先生方にとっても、**学校保健安全法**第二六条の意義と、同法**施行規則**第二八条が定める安全点検、及び同第二九条の「学校においては、前条の安全点検のほか、設備等については日常的な点検を行い、環境の安全の確保を図らなければならない」等々の規定を周知する校内研修を企画するなど、学校の安全について、常に考慮していく役割もある、というのは荷が重いでしょうか。

10 ラグビー部紅白試合中の事故

近年のラグビーワールドカップでの日本代表の活躍は目覚ましいものがあります。それに水を差すわけではないのですが、ラグビーは内在する危険性の大きいスポーツと言われています。ワールドカップ日本開催を契機に、ますます国内でラグビーが盛んになることでしょう。指導にあたる顧問の先生方には、ぜひラグビーの安全指導を徹底してほしいと願って、ここでは、高校ラグビー部での紅白試合中の事故*を取り上げて検討していきたいと思います。

*――大阪地裁平成五年一二月三日判決。判例タイムズ八六八号二三四頁。

事件のあらましと争点

公立高校一年のA君は、クラブ活動の一環として設けられているラグビー部に入部し、顧問教諭の指導のもとラグビー部の紅白試合に参加していました。A君はBチームのフォワードの左プロップ（図参照）のポジションにつき、「レフリーをしていた顧問教諭の笛の合図に従って、Aチームと押し合いもみ合う最中に、突然、第五頸椎脱臼骨折、頸髄損傷という傷害」を負ってしまいました。

A君は、ラグビーを始めてまだ四か月でしたが、中学時代には水泳部に所属し、がっしりした体格で、みずからフォワードを希望していました。本件スクラム練習は午前一〇時二〇分頃から開始され、「試合開始後計九回のスクラムが組まれ、各チームとも得点を入れることなく、試合開始から約一二分経過した一〇時三二分頃、第九回目のスクラムを組みボールが投入されて押し合ううちに」、原告A君は突然、先の傷害を負ってしまったのです。

A君と両親は、本件事故について「被告は、その教育活動の一環として、生徒らを指導監督してクラブ活

参考図　ラグビーのポジション

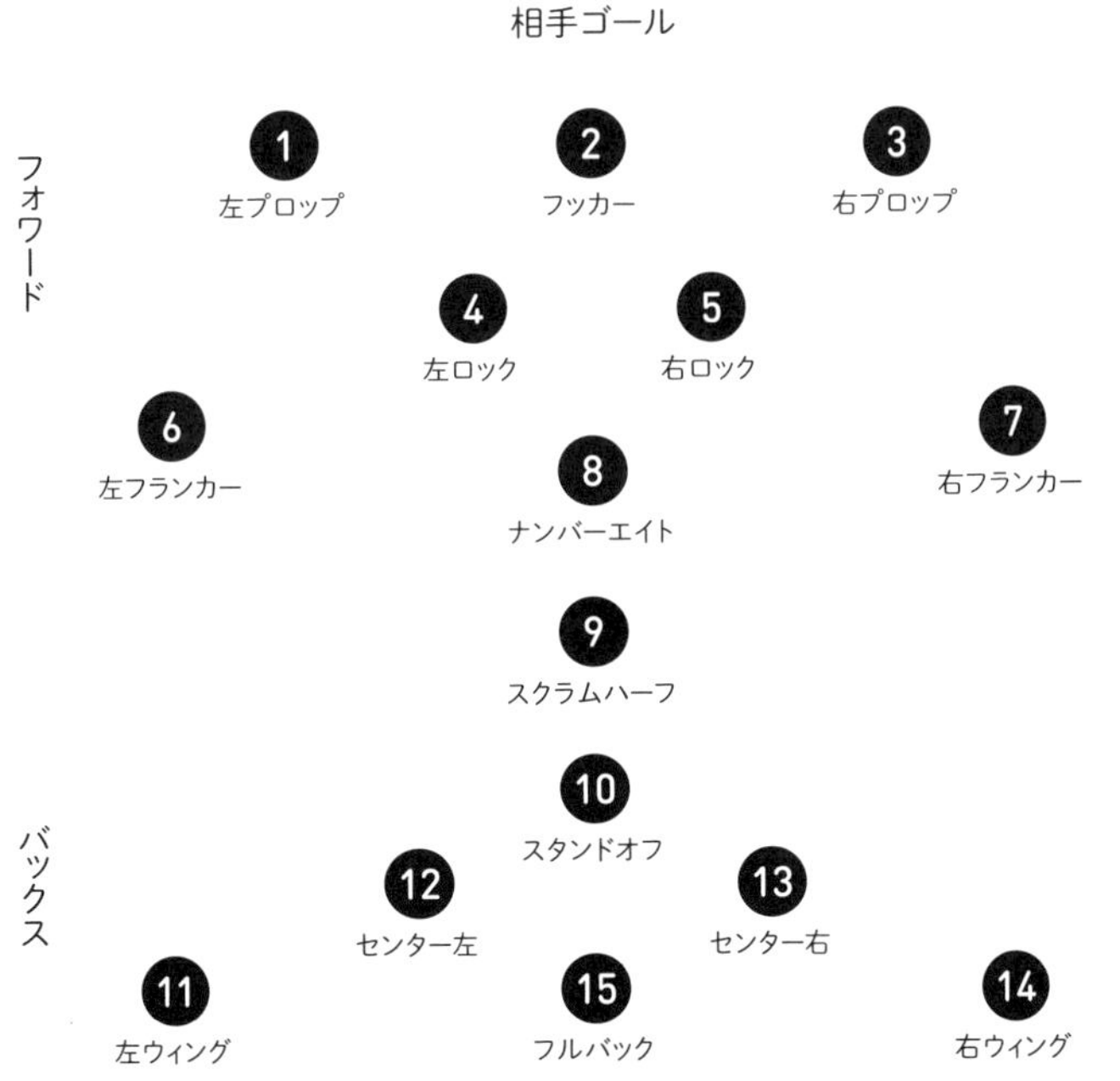

動を行わしめるものであり、ラグビーの試合という傷害事故の発生しやすい危険の伴う集団活動を指導監督するについて、そのような事故を未然に防ぐために細心の注意を払い万全の対策を講じるべき、参加生徒の身体生命に対する安全配慮義務」を負うにもかかわらず、「ラグビーを始めてまだ四ヶ月である原告Aをフォワードのうち左プロップのポジションにつかせ、ラグビーの技術・体力共に格段の差のある二、三年生と交わって、通常の試合形式をとった練習試合をさせたこと自体に、安全配慮義務違反」がある。またスクラムを組む回数が「回を追うごとに初心者である原告Aのあたりでスクラムの盛り上がり・めくれ上がり（半身が起こされるような状態）が顕著になっているという危険の兆候に気付かず、あるいは気付いてもそれを重視しなかった。したがって、遅くとも、めくれ上がりが顕著となった第八回目のスクラムにおいては、顧問教諭は、事故の危険を防止するため、プレーを中止させるべきであったにもかかわらず、漫然と試合を続行させたことは重大な安全配慮義務違反である」と主張しました。

裁判所の判断

裁判所は、原告A君を左プロップという危険なポジションに起用したことについては、「指導者において、初心者たる原告Aが左プロップのポジションについていることを認識し、具体的な試合の場面でそのことに十分配慮してゆくならば、一年生である原告Aを左プロップとして起用して公式戦へ向けての各種練習試合に八月頃から参加させること自体は、教育、鍛錬の目的に照らして、許されないものと解するべきではない」と判示し、原告A君を危険なポジションに起用したことについて「具体的局面において、十分配慮し、安全について適切な管理を行うならば、一年生である原告Aを左プロップにつけ、本件のようなチーム編成の紅白試合に参加させること自体が、安全配慮義務の違反にあたることは即断できない」と原告等の主張は採用しませんでした。

しかし、具体的な指導中の安全配慮については「本件各スクラムの状況によれば、第一、第五、第七回目のスクラムの際にはBチームのスクラムは押され気味で盛り上がりを見せていたのであり、両チームの実力の差などを考えると、これがめくり上がりに移行する可能性は予測できたものというべきであり、めくり上がりになれば、首を抜かざるを得ないが」、顧問教諭は「首を抜かなくてもすむよう頑張ることを指導してきており生徒自身が積極的に首を抜いて危険を回避する行動をとることが期待できないのであるから、指導者として、早期にスクラムを中断し、めくれ上がりの危険に対する注意を促すなり、スクラムの組み方を指導するなりして安全に配慮する必要があった」と判示します。

結論として、一年生である原告A君を左プロップに起用し紅白試合に参加させたのであるから「指導者である顧問教諭には、試合の具体的局面において適切な管理をし、原告Aの安全に配慮し、危険の発生を未然に防止すべくより細心の注意が要求されていたのに、実際には顧問教諭においては、めくれ上がりの危険に対する認識が十分でなかった上に、レフリーに徹していたために、Aチームの押しが強くBチームには盛り上がり気味となり、第八回目のスクラムではAチームが大幅に押し進みBチームは後退し、スクラムの盛り上がりの状態も原告Aが首を抜くほどであったことや、それらの事態のもたらす危険性を看過し、右のような危険な状況が再び発生しないよう適切な措置を講ずることもなく、試合を続行させたものというほかない。そして、このことが安全配慮義務に違反すること、及び、そのことと本件事故の発生との間に因果関係があることは明らかであるといわざるをえない」として、学校設置者に損害賠償の支払いを命じたのです。

判決から学ぶ

判決は「ラグビーは、その競技形態からして本質的に、本件事故のような結果を招来する可能性のあるかなりの危険を伴う格闘技ともいうべき激しいスポーツであり、過去にも重大な事故が多数発生している」とも判示しています。

まず、ラグビー指導者は過去の事故事例を精査し、事故を未然に防ぐ練習方法を確立しておかなければなりません。以前は、試合中に倒れると「魔法のやかん」などと言って水をかけて試合に復帰させるなどしていましたが、今は、試合中はスポーツドクターが配置され、適切な処置を施しています。さらに練習でもポジションごとにコーチを配置し、安全には万全を期していると思います。しかし前述したように今後ラグビーは盛んになっていくことを考えると、やはり強調しておきたいのは、まず、部活動としてのラグビー指導に当たっては、体力の差があることを無視してフォワードのようなポジションに起用してはならないことは当然として、科学的なトレーニング方法を取り入れることです。そして、ラグビー・スピリットと言われる「一人はみんなのために、みんなは一人のために」を、選手のみならずファンにも、ぜひ体感させてほしいと願うものです。ちなみに本件で学校側は控訴しましたが、大阪高裁（平成七年四月一九日判決）でも第一審判決が維持されました。

11　体育祭騎馬戦落馬事故

平成二七（二〇一五）年三月三日、福岡地裁は、高校の体育祭の騎馬戦が行われた際に落下して負傷した生徒が県に対して損害賠償を請求した事件で、生徒側の主張を認め、学校設置者に損害賠償の支払いを命じる判決を出しました。判決を報じる朝日新聞（二〇一五年三月四日）は、「騎馬戦は、運動会や体育祭で観客の人気を集める種目だ。だが、けがをする生徒も多く、安全をどう担保するかは課題となっている」と記しています。その後、大阪府の中学校の運動会で、組み体操「ピラミッド」が崩れ中学生が骨折したと相次いで報道がされました。

騎馬戦や人間ピラミッドでは過去に何度も事故が発生し、訴訟になっているにもかかわらず、事故が繰り返されるのはなぜでしょうか。安全を担保するために学校側はいかなる対策をとっておかなければならないか、福岡地裁の判決*をもとに考えていきたいと思います。

＊――平成二七年三月三日。LEX／DBインターネットTKC法律情報データベース。

事件のあらましと争点

原告A君は、高校体育祭で行われた騎馬戦の騎手として参加し、他の騎手と組み合っていたところ、地面に落下し、第五頸椎脱臼骨折及び頸椎損傷の傷害を負い、後遺障害等級一級に該当する第七頸髄節以下完全麻痺の後遺障害を残してしまいました。

原告らは、事故が起こったのは、騎馬戦は、落馬等により負傷する危険性のある競技であり、かつ校長及び被告の履行補助者である指導担当教諭らはその危険性を予測できたから、騎馬戦を実施するに当たっては具体的な安全配慮義務ないしは注意義務があったのにもかかわらずそれを怠ったからだと主張したのです。原告の主張は次のようなものでした。

①騎馬戦実施にあたり、準備段階において生徒たちに受傷の可能性を周知し、身体の安全を確保できるような指導を行うとともに、実際に生徒自身が身体の安全を確保できるように事前練習を十分に行わせる義務があった。

②審判員を務める教員に対し、生徒が負傷することのないように適宜のタイミングで対戦を中止し又は騎馬を支えることなどができるように指導して、訓練を実施すること。

③危険防止措置を取ることができるように審判員を配置し、また生徒に負傷の危険が発生した場合には審判員に危険防止措置を取らせる等々の義務がある。

原告らは、「原告Aは本件騎馬戦前にその危険性を周知され、身体の安全を確保するに足る指導を受け、また十分な練習の機会を与えられたことがない。本件騎馬戦に先立つ平成一五年九月四日に行われた騎馬戦に関する講習会では、騎馬戦の大まかなルーツが説明されたのみであって、実際に審判員は危険防止措置を取ることができなかった」と主張します。

それに対して被告側は、義務の具体的内容について、原告A君を含む生徒は高校生であって、転落時には相手の騎手と組み合っている手を放して頭部を防禦するといった判断能力及び危険回避能力を備えていることを前提にして考慮すべきである、と主張するのです。

裁判所の判断

裁判所は、そもそも騎馬戦は「馬の接触、騎手の落馬、騎馬の崩壊等の危険が生じうることは容易に想定できる」のであるから、危険の発生が当然に予定されていると言わざるを得ないと判示し、さらに「騎馬戦は、例えばサッカー、野球及びバスケットボール等のスポーツと異なり、学校教育における通常の授業の種目として取り入れられることはまずなく、年に一度の運動会や体育祭の本番又はそれに向けた練習で経験するか否かという頻度でしか行われない競技であるから、生徒が騎馬戦に習熟しているといった事態は通常想定し難い。現に、本件高校においてこれを上回る頻度で騎馬戦を実施していたといった事実は、何ら主張立証されていない」と述べます。通常の体育授業などで実施していれば、迫り来る危険に対応できることはあるでしょう。

そして判決は、「騎馬戦の性質、とりわけ騎手が落下する高度の蓋然性を有していることを踏まえれば、本件騎馬戦を体育祭で実施するに当たり、騎手の落下に起因して生徒の生命身体の安全が害される事態を防止するために、校長及び指導担当教諭らが果たすべきであった本件義務には、少なくとも以下の義務がある」として、具体的な義務内容を示しました。

一つは「生徒に対し、騎馬戦の危険性及び安全確保の手段を指導する義務」、二つは「生徒に十分な事前練習、とりわけ落下時の危険回避行動の練習をさせる義務」、三つは「審判員を危険防止措置が取れるよう配置し、また生徒に受傷の危険が発生した場合には審判員をして危険防止措置を取らせる義務」。被告がこれらを怠ったために事故が発生したのであるから、約二億円の損害賠償を支払え、と命じたのです。

事前から事後まで　安全指導の徹底を

危険な内容を含む競技を行う際には、事前指導、活動中指導、事後指導は徹底しなければなりません。事前指導は、その競技に内在する危険性を十分に周知させ、練習を積み、危険な場面を想定しながら、生徒たちが決して軽はずみな行動をしないように促すべきです。当然にルールを遵守することを強調します。

そして、活動中には、例えば本件のような騎馬戦や組み体操などでは周囲に安全確保のための要員を配置し、危険を予見したらすぐに回避する措置が取れるようにしておかなくてはなりません。生徒たちは冒険心もあります。騎馬戦などでは相手を倒すために奇襲をする行動に出るかもしれないという予測を、指導者たちがしておくことも必要でしょう。もし、ルール違反を見つけたらすぐに競技を中止し、注意することが重要です。

事後指導は、危険について振り返りを行い、何よりも集団で競技を行うことの楽しさ、自他がケガをしないようにするにはどうしたらよいかを考えさせることが重要です。これは事前指導でも行うべきでしょう。そして、またその競技をしたい、という意欲を持たせることが大切です。

裁判所は、「騎馬戦は、例えばサッカー、野球及びバスケットボール等のスポーツと異なり、学校教育における通常の授業の種目として取り入れられることはまずなく、年に一度の運動会や体育祭の本番又はそれに向けた練習で経験するか否かという頻度でしか行われない競技であるから、生徒が騎馬戦に習熟しているといった事態は通常想定し難い」と指摘しています。このことを学校全体で共有し、養護教諭の先生方と体育担当教諭が事故防止のための校内研修を企画し、競技の安全・安心な実施をする体制をつくっていくことが大切ではないでしょうか。

12　学校の危機管理と養護教諭の職務

この章では、実際の事故判例を紹介しながら、養護教諭の皆さんの職務上の責任、「教員」、「教諭」としての学校教育上の危機管理について触れてきました。最後に、学校における危機管理の考え方について検討してみたいと思います。

養護教諭の仕事量は少ない？

平成二七（二〇一五）年一〇月六日の朝日新聞に「教科教諭と仕事量に差」という記事が掲載されていました。ある県立高校の教科教諭が「職場のホンネ」という読者投稿欄に、「授業や保護者対応、生徒指導、土日の部活等々に日々追われている。養護教諭や図書館司書は、勤務中にネットや趣味を楽しんでいる」という趣旨の投稿をしました。それに対する記者のレポートです。

私はこの記事を読んで、はじめに投稿した教師は自分の授業中に生徒たちが問題を起こしたときに適切な対応ができるのだろうか？　同僚性や協働性といったチームワーク形成に協力しているのだろうか？　という疑問を持ちました。

私が日ごろ接することの多い養護教諭の先生方は、子どもたちの健康、教職員の健康、相談業務に携わり、さらには安全管理まで目配りをするという、重要な仕事を担っている方々ばかりです。外部研修などで新たな知見を取り入れて、学校の新たな問題に対応したいという熱意を持っていても、研修の時間さえままならないほど、学校に密着しているのが養護教諭です。新聞記事のような誤解や偏見は、取り除いていかなければなりません。

第5章　養護教諭の職務と法的責任

学校の危機管理——二つの考え方

危機管理には、

①学校事故を未然に防ぐための危機管理

②事故が発生したときの迅速な対応（事後措置義務）及び再発防止策をとるための危機管理

という二つの考え方があります。前者をリスクマネジメント、後者をクライシスマネジメントと呼ぶこともあります。

裁判所はこの二つの考え方について以下のように判示しています。まず、未然防止について。

> 教育活動の一環として行われる学校の課外のクラブ活動においては、生徒は担当教諭の指導監督に従って行動するのであるから、担当教諭は、できる限り生徒の安全にかかわる事故の危険性を具体的に予見し、その予見に基づいて当該事故の発生を未然に防止する措置を執り、クラブ活動中の生徒を保護すべき注意義務を負うものというべきである。* 〔丸点は筆者による。以下同じ。〕

未然防止とは、危険予見、回避義務という注意義務に該当します。

ほかにも、未然防止と事後措置義務を学校に明確に示している判決もあります。

> 子どもの教育に携わる教師は、学校教育の場において教育活動から生ずる危険に対して生徒の安全を保持する義務を負うのであり、この義務は未然に事故の発生を防止するこ

*——最高裁平成一八年三月一三日第二小法廷判決。最高裁判所判例検索ページ。

とはもとより、万一、事故が発生した場合には、これによる被害の発生若しくはその拡大を阻止するという事後措置義務をも含む。[*]

この未然防止策と再発防止策は、**学校保健安全法**第二九条でもその考え方が定められています。第二九条で定める「危険等発生時対処要領」等の作成、すなわち「危機管理マニュアル」の策定は、あらゆる場面を想定しておかなければならないのです。

一方、マニュアルを作っただけでは迅速な対応ができませんので、日頃から先生方の危機に対する心構えを共有しておく必要があります。その共有とは、避難訓練であったり、外部からの不審者侵入に対する訓練、さらにはＡＥＤの使いかた、アレルギーの子どもに対する自己注射薬の打ちかた等々の研修です。その他、保護者や近隣からのクレーム(無理難題要求)への対応策も必要でしょう。

以上のような問題が起き、学校が危機に直面したときには、同僚性と協働性が必要になってくるのです。前述の投稿のような高校教諭のような考え方が職場に蔓延しているようでは、学校の危機管理体制は心許ないと言えます。

危機管理対応研修の薦め

私は、全国各地で養護教諭の先生方の研究会でお話しする機会をいただいています。そして行く先々で、養護教諭の先生方が実にさまざまな問題に直面していることを知り、その職務の広がりに驚かされます。そして、学校の危機管理を考えるうえでは、事故事例に学ぶことも重要だけれども、先生方でみずから問題を発見し、解決する方法を学ぶ研修やワーク

＊――東京高裁昭和五八年一二月一二日判決。判例タイムズ五一五号一八一頁。

ショップなども有効であるとお薦めしています。参加者が共通の悩みを抱え、解決方法に困っているようなときには、お互いに胸襟を開いて話し合う姿勢が、危機対応へのいちばんの近道ではないでしょうか。

子どもは未来の主権者

平成二七（二〇一五）年一一月に盛岡市の「岩手県養護教諭研究大会」でお話をさせていただく機会がありました。シンポジウムのテーマは「危機管理における養護教諭の役割」でした。大会運営に携わっていた先生のお一人が、「私たちは子どもの命を守るスペシャリストです」と力強く言われたことに、いたく感銘を受けました。このような先生のいる学校では、子どもが大切にされ、危機が迫ってきたときには的確な対応ができるだろうという安心感を持ちました。

学校は、子どもや教職員が安心して、安全に、かつ快適に、生活できる場所でなければなりません。未来の主権者を育成する学校で、教職員同士で「あの人の仕事は簡単だ」とか「あの人は仕事をしていない」、「自分だけが忙しい」等という言葉が飛び交ってしまっては、学校は円滑に運営できなくなります。

最後に、私の高校時代の恩師が、卒業式のはなむけとして高校生に語りかけた言葉を紹介させていただきます。私は、仕事で壁にぶつかったときにこの言葉をいつも思い出し、事にあたってきました。残念ながら先生はお亡くなりになってしまいましたが、今でも尊敬する先生の言葉を養護教諭の皆様にもおわけしたいと思います。

美しいものを美しいと認め、正しからずものを正しからずと判ずる、人間ならではの感性や倫理性はいかなるところに育つか。誤解を恐れずにあえて言うならば、世俗的な価値観、儲かるか儲からぬか、得するか得しないか、有名か有名でないか。そういった、実利性、実益性、効率性だけを追い求めるのとは少し違う位置で、即ち実益性、実利性、効率性を一旦わきにおき、対象と虚心坦懐に向かい合い、自らの心の内に聞こえてくる、内なる声に耳傾けようとする姿勢の中から感性と倫理性は育まれる。*

*——古川功『頬あつく理想を追はなん』私家版、一九九八年。

あとがき

本書は、養護教諭の研修会で、講師としてよく一緒にお話をしている菅原哲朗弁護士と入澤の共著です。

養護教諭の研修会では、講演後にたくさんの質問が出ます。しかし、時間の関係でそれらの質問に十分に応えることができません。菅原先生と学会や研究会などでお会いするたびに、講演の中では十分に話すことができない事柄について、本にまとめられないものかと話し合っていました。

共著とはいえ、書き下ろしは時間的に余裕がなく、どうしたものかと思案したところ、少し前まで、養護教諭を読者対象とする『健康教室』（東山書房）に、学校事故の法的問題について、菅原先生も私も連載をしていたので、これらをもとに構成をし直したらどうだろう、ということになりました。菅原先生は二〇一〇年四月から二〇一一年三月まで一年間、その後、二〇一三年四月から二〇一五年三月までの三年間は入澤が、養護教諭が身につけておくべき法的知見について執筆をしました。さらに『季刊教育法』（エイデル研究所）でも、菅原先生は「スポーツ事故の本質と判例にみる養護教諭の安全対策」（一六二号）と題する論文を、入澤が「食物アレルギーと養護教諭が果たすべき役割」（一八六号）を執筆しました。本書は、これらの連載や論文をもとに、道和書院の片桐文子さんが構成し直して章立てをしてくれたものです。大変に読みやすくなったと感謝しています。また、私の連載の時からの原稿入力と校正、全体の構成は、娘・入澤麻依に頼っていました。的確な指摘をしてもらったと感謝します。

養護教諭は、学校教育法で、小学校、中学校、義務教育学校、中等教育学校には置かなければならないとされています。ただ、高等学校は、学校教育法第六〇条二項で、置くことができる、という規定になっています。「置かなければならない」という意味と、「置くことができる」という意味はまったく違います。前者は必ず配置するという意味で、後者は学校の都合で置かなくてもよいととれる意味です。しかし、実際はどの学校種においても養護教諭は配置されていますから、子どもの安全対策には支障がありません。

でも問題は、各学校に養護教諭は一名のみ配置という現実です。子どもの数が多い学校で養護教諭が一名では心許なく、さまざまな問題に迅速に対応することは難しいでしょう。保健主事がカバーしたとしても、養護教諭の対応能力には及ばないと思います。

本書は、養護教諭の先生方にはぜひお読みいただいて日常の職務に活用してほしいと思ってまとめられましたが、こうした実情をふまえて、保健主事、管理職者にもぜひとも読んでいただきたいと思います。万が一、学校事故が発生してしまったら、教職員全員がチームで対応できるようにしておくこと。それが、地域、保護者、子どもの信頼を得ることにつながります。

本書はまた、学校保健安全法が定める「危機等発生時対処要領」を作成する際の参考になることを願ってまとめられました。養護教諭のみならず、教職員全員が学校事故に関する法的知識をもち、未然防止・再発防止の両面から危機等発生時対処の計画立案をすることが重要だということを、ここで改めて強調しておきたいと思います。

最後に、連載を単行本にすることを快く許可してくださった東山書房の編集者・阿南智子さん、『季刊教育法』編集部の皆さんに、御礼を申し上げます。

入澤充

資料

◉学校保健安全法

昭和三十三年法律第五十六号
施行日：平成二十八年四月一日
最終更新：平成二十七年六月二十四日公布（平成二十七年法律第四十六号）改正

第一章　総則

（目的）

第一条　この法律は、学校における児童生徒等及び職員の健康の保持増進を図るため、学校における保健管理に関し必要な事項を定めるとともに、学校における教育活動が安全な環境において実施され、児童生徒等の安全の確保が図られるよう、学校における安全管理に関し必要な事項を定め、もつて学校教育の円滑な実施とその成果の確保に資することを目的とする。

（定義）

第二条　この法律において「学校」とは、学校教育法（昭和二十二年法律第二十六号）第一条に規定する学校をいう。

2　この法律において「児童生徒等」とは、学校に在学する幼児、児童、生徒又は学生をいう。

（国及び地方公共団体の責務）

第三条　国及び地方公共団体は、相互に連携を図り、各学校において保健及び安全に係る取組が確実かつ効果的に実施されるようにするため、学校における保健及び安全に関する最新の知見及び事例を踏まえつつ、財政上の措置その他の必要な施策を講ずるものとする。

2　国は、各学校における安全に係る取組を総合的かつ効果的に推進するため、学校安全の推進に関する計画の策定その他所要の措置を講ずるものとする。

3　地方公共団体は、国が講ずる前項の措置に準じた措置を講ずるように努めなければならない。

第二章　学校保健

第一節　学校の管理運営等

（学校保健に関する学校の設置者の責務）

第四条　学校の設置者は、その設置する学校の児童生徒等及び職員の心身の健康の保持増進を図るため、当該学校の施設及び設備並びに管理運営体制の整備充実その他の必要な措置を講ずるよう努めるものとする。

（学校保健計画の策定等）

第五条　学校においては、児童生徒等及び職員の心身の健康の保持増進を図るため、児童生徒等及び職員の健康診断、環境衛生検査、児童生徒等に対する指導その他保健に関する事項について計画を策定し、これを実施しなければならない。

（学校環境衛生基準）

第六条　文部科学大臣は、学校における換気、採光、照明、保温、清潔保持その他環境衛生に係る事項（学校給食法（昭和二十九年法律第百六十号）第九条第一項（夜間課程を置く高等学校における学校給食に関する法律（昭和三十一年法律第百五十七号）第七条及び特別支援学校の幼稚部及び高等部における学校給食に関する法律（昭和三十二年法律第百十八号）第六条において準用する場合を含む。）に規定する事項を除く。）について、児童生徒等及び職員の健康を保護する上で維持されることが望ましい基準（以下この条において「学校環境衛生基準」という。）を定めるものとする。

2　学校の設置者は、学校環境衛生基準に照らしてその設置する学校の適切な環境の維持に努めなければならない。

3　校長は、学校環境衛生基準に照らし、学校の環境衛生に関し適正を欠く事項があると認めた場合には、遅滞なく、その改善のために必要な措置を講じ、又は当該措置を講ずることができないときは、当該学校の設置者に対し、その旨を申し出るものとする。

（保健室）

第七条　学校には、健康診断、健康相談、保健指導、救急処置その他の保健に関する措置を行うため、保健室を設けるものとする。

第二節　健康相談等

（健康相談）

第八条　学校においては、児童生徒等の心身の健康に関し、健康相談を行うものとする。

（保健指導）

第九条　養護教諭その他の職員は、相互に連携して、健康相談又は児童生徒等の健康状態の日常的な観察により、児童生徒等の心身の状況を把握し、健康上の問題があると認めるときは、遅滞なく、当該児童生徒等に対して必要な指導を行うとともに、必要に応じ、その保護者（学校教育法第十六条に規定する保護者をいう。第二十四条及び第三十条において同じ。）に対して必要な助言を行うものとする。

（地域の医療機関等との連携）

第十条　学校においては、救急処置、健康相談又は保健指導を行うに当たつては、必要に応じ、当該学校の所在する地域の医療機関その他の関係機関との連携を図るよう努めるものとする。

第三節　健康診断

（就学時の健康診断）

第十一条　市（特別区を含む。以下同じ。）町村の教育委員会は、学校教育法第十七条第一項の規定により翌学年の初めから同項に規定する学校に就学させるべき者で、当該市町村の区域内に住所を有するものの就学に当たつて、その健康診断を行わなければならない。

第十二条　市町村の教育委員会は、前条の健康診断の結果に基づき、治療を勧告し、保健上必要な助言を行い、及び学校教育法第十七条第一項に規定する義務の猶予若しくは免除又は特別支援学校への就学に関し指導を行う等適切な措置をとらなければならない。

（児童生徒等の健康診断）

第十三条　学校においては、毎学年定期に、児童生徒等（通信による教育を受ける学生を除く。）の健康診断を行わなければならない。

2　学校においては、必要があるときは、臨時に、児童生徒等の健康診断を行うものとする。

第十四条　学校においては、前条の健康診断の結果に基づき、疾病の予防処置を行い、又は治療を指示し、並びに運動及び作業を軽減する等適切な措置をとらなければならない。

（職員の健康診断）

第十五条　学校の設置者は、毎学年定期に、学校の職員の健康診断を行わなければならない。

2　学校の設置者は、必要があるときは、臨時に、学校の職員の健康診断を行うものとする。

第十六条　学校の設置者は、前条の健康診断の結果に基づき、治療を指示し、及び勤務を軽減する等適切な措置をとらなければならない。

（健康診断の方法及び技術的基準等）

第十七条　健康診断の方法及び技術的基準については、文部科学省令で定める。

2　第十一条から前条までに定めるもののほか、健康診断の時期及び検査の項目その他健康診断に関し必要な事項は、前項に規定するものを除き、第十一条の健康診断に関するものについては政令で、第十二条及び第十五条の健康診断に関するものについては文部科学省令で定める。

3　前二項の文部科学省令は、健康増進法（平成十四年法律第百三号）第九条第一項に規定する健康診査等指針と調和が保たれたものでなければならない。

（保健所との連絡）

第十八条　学校の設置者は、この法律の規定による健康診断を行おうとする場合その他政令で定める場合においては、保健所と連絡するものとする。

第四節　感染症の予防

（出席停止）

第十九条　校長は、感染症にかかつており、かかつている疑いがあり、又はかかるおそれのある児童生徒等があるときは、政令で定めるところにより、出席を停止させることができる。

（臨時休業）

第二十条　学校の設置者は、感染症の予防上必要があるときは、臨時に、学校の全部又は一部の休業を行うことができる。

（文部科学省令への委任）
第二十一条　前二条（第十九条の規定に基づく政令を含む。）及び感染症の予防及び感染症の患者に対する医療に関する法律（平成十年法律第百十四号）その他感染症の予防に関して規定する法律（これらの法律に基づく命令を含む。）に定めるもののほか、学校における感染症の予防に関し必要な事項は、文部科学省令で定める。

第五節　学校保健技師並びに学校医、学校歯科医及び学校薬剤師

（学校保健技師）
第二十二条　都道府県の教育委員会の事務局に、学校保健技師を置くことができる。
2　学校保健技師は、学校における保健管理に関する専門的事項について学識経験がある者でなければならない。
3　学校保健技師は、上司の命を受け、学校における保健管理に関し、専門的技術的指導及び技術に従事する。

（学校医、学校歯科医及び学校薬剤師）
第二十三条　学校には、学校医を置くものとする。
2　大学以外の学校には、学校歯科医及び学校薬剤師を置くものとする。
3　学校医、学校歯科医及び学校薬剤師は、それぞれ医師、歯科医師又は薬剤師のうちから、任命し、又は委嘱する。
4　学校医、学校歯科医及び学校薬剤師は、学校における保健管理に関する専門的事項に関し、技術及び指導に従事する。
5　学校医、学校歯科医及び学校薬剤師の職務執行の準則は、文部科学省令で定める。

第六節　地方公共団体の援助及び国の補助

（地方公共団体の援助）
第二十四条　地方公共団体は、その設置する小学校、中学校、義務教育学校、中等教育学校の前期課程又は特別支援学校の小学部若しくは中学部の児童又は生徒が、感染性又は学習に支障を生ずるおそれのある疾病で政令で定めるものにかかり、学校において治療の指示を受けたときは、当該児童又は生徒の保護者で次の各号のいずれかに該当するものに対して、その疾病の治療のための医療に要する費用について必要な援助を行うものとする。
一　生活保護法（昭和二十五年法律第百四十四号）第六条第二項に規定する要保護者
二　生活保護法第六条第二項に規定する要保護者に準ずる程度に困窮している者で政令で定めるもの

（国の補助）
第二十五条　国は、地方公共団体が前条の規定により同条第一号に掲げる者に対して援助を行う場合には、予算の範囲内において、その援助に要する経費の一部を補助することができる。
2　前項の規定により国が補助を行う場合の補助の基準については、政令で定める。

第三章　学校安全

（学校安全に関する学校の設置者の責務）

第二十六条　学校の設置者は、児童生徒等の安全の確保を図るため、その設置する学校において、事故、加害行為、災害等（以下この条及び第二十九条第三項において「事故等」という。）により児童生徒等に危険又は危害が現に生ずる危険を防止し、及び事故等により児童生徒等に危険又は危害が現に生じた場合（同条第一項及び第二項において「危険等発生時」という。）において適切に対処することができるよう、当該学校の施設及び設備並びに管理運営体制の整備充実その他の必要な措置を講ずるよう努めるものとする。

（学校安全計画の策定等）

第二十七条　学校においては、児童生徒等の安全の確保を図るため、当該学校の施設及び設備の安全点検、児童生徒等に対する通学を含めた学校生活その他の日常生活における安全に関する指導、職員の研修その他学校における安全に関する事項について計画を策定し、これを実施しなければならない。

（学校環境の安全の確保）

第二十八条　校長は、当該学校の施設又は設備について、児童生徒等の安全の確保を図る上で支障となる事項があると認めた場合には、遅滞なく、その改善を図るために必要な措置を講じ、又は当該措置を講ずることができないときは、当該学校の設置者に対し、その旨を申し出るものとする。

（危険等発生時対処要領の作成等）

第二十九条　学校においては、児童生徒等の安全の確保を図るため、当該学校の実情に応じて、危険等発生時において当該学校の職員がとるべき措置の具体的内容及び手順を定めた対処要領（次項において「危険等発生時対処要領」という。）を作成するものとする。

2　校長は、危険等発生時対処要領の職員に対する周知、訓練の実施その他の危険等発生時において職員が適切に対処するために必要な措置を講ずるものとする。

3　学校においては、事故等により児童生徒等に危害が生じた場合において、当該児童生徒等及び当該事故等により心理的外傷その他の心身の健康に対する影響を受けた児童生徒等その他の関係者の心身の健康を回復させるため、これらの者に対して必要な支援を行うものとする。この場合においては、第十条の規定を準用する。

（地域の関係機関等との連携）

第三十条　学校においては、児童生徒等の安全の確保を図るため、児童生徒等の保護者との連携を図るとともに、当該学校が所在する地域の実情に応じて、当該地域を管轄する警察署その他の関係機関、地域の安全を確保するための活動を行う団体その他の関係団体、当該地域の住民その他の関係者との連携を図るよう努めるものとする。

第四章　雑則

（学校の設置者の事務の委任）

第三十一条　学校の設置者は、他の法律に特別の定めがある場合のほか、この法律に基づき処理すべき事務を校長に委任することができる。

（専修学校の保健管理等）

第三十二条　専修学校には、保健管理に関する専門的事項に関し、技術及び指導を行う医師を置くように努めなければならない。

2　専修学校には、健康診断、健康相談、保健指導、救急処置等を行うため、保健室を設けるように努めなければならない。

3　第三条から第六条まで、第八条から第十条まで、第十三条から第二十一条まで及び第二十六条から前条までの規定は、専修学校に準用する。

◉学校保健安全法施行令

昭和三十三年政令第百七十四号

内閣は、学校保健法（昭和三十三年法律第五十六号）第十条第二項、第十二条、第十七条、第十八条第三項及び第二十条の規定に基き、この政令を制定する。

（就学時の健康診断の時期）

第一条　学校保健安全法（昭和三十三年法律第五十六号。以下「法」という。）第十一条の健康診断（以下「就学時の健康診断」という。）は、学校教育法施行令（昭和二十八年政令第三百四十号）第二条の規定により学齢簿が作成された後翌学年の初めから四月前（同令第五条、第七条、第十一条、第十四条、第十五条及び第十八条の二に規定する就学に関する手続の実施に支障がない場合にあつては、三月前）までの間に行うものとする。

2　前項の規定にかかわらず、市町村の教育委員会は、同項の規定により定めた就学時の健康診断の実施日の翌日以後に当該市町村の教育委員会が作成した学齢簿に新たに就学予定者（学校教育法施行令第五条第一項に規定する就学予定者をいう。以下この項において同じ。）が記載された場合において、当該就学予定者が他の市町村の教育委員会が行う就学時の健康診断を受けていないときは、当該就学予定者について、速やかに就学時の健康診断を行うものとする。

（検査の項目）

第二条　就学時の健康診断における検査の項目は、次のとおりとする。

一　栄養状態

二　脊（せき）柱及び胸郭の疾病及び異常の有無

三　視力及び聴力

四　眼の疾病及び異常の有無

五　耳鼻咽（いん）頭疾患及び皮膚疾患の有無

六　歯及び口腔（くう）の疾病及び異常の有無

七　その他の疾病及び異常の有無

（保護者への通知）

第三条　市（特別区を含む。以下同じ。）町村の教育委員会は、就学時の健康診断を行うに当たつて、あらかじめ、その日時、場所及び実施の要領等を法第十一条に規定する者の学校教育法（昭和二十二年法律第二十六号）第十六条に規定する保護者（以下「保護者」という。）に通知しなければならない。

（就学時健康診断票）

第四条　市町村の教育委員会は、就学時の健康診断を行つたときは、文部科学省令で定める様式により、就学時健康診断票を作成しなければならない。

2　市町村の教育委員会は、翌学年の初めから十五日前までに、就学時健康診断票を就学時の健康診断を受けた者の入学する学校の校長に送付しなければならない。

（保健所と連絡すべき場合）

第五条　法第十八条の政令で定める場合は、次に掲げる場合とする。

一　法第十九条の規定による出席停止が行われた場合

二　法第二十条の規定による学校の休業を行つた場合

（出席停止の指示）

第六条　校長は、法第十九条の規定により出席を停止させようとするときは、その理由及び期間を明らかにして、幼児、児童又は生徒（高等学校（中等教育学校の後期課程及び特別支援学校の高等部を含む。以下同じ。）の生徒を除く。）にあつてはその保護者に、高等学校の生徒又は学生にあつては当該生徒又は学生にこれを指示しなければならない。

2　出席停止の期間は、感染症の種類等に応じて、文部科学省令で定める基準による。

（出席停止の報告）

第七条　校長は、前条第一項の規定による指示をしたときは、文部科学省令で定めるところにより、その旨を学校の設置者に報告しなければならない。

（感染性又は学習に支障を生ずるおそれのある疾病）

第八条　法第二十四条の政令で定める疾病は、次に掲げるものとする。

一　トラコーマ及び結膜炎

二　白癬（せん）、疥（かい）癬（せん）及び膿（のう）痂（か）疹（しん）

三　中耳炎

四　慢性副鼻腔（くう）炎及びアデノイド

五　齲（う）歯

六　寄生虫病（虫卵保有を含む。）

（要保護者に準ずる程度に困窮している者）

第九条　法第二十四条第二号の政令で定める者は、当該義務教育諸学校（小学校、中学校、義務教育学校、中等教育学校の前期課程又は特別支援学校の小学部若しくは中学部をいう。）を設置する地方公共団体の教育委員会が、生活保護法（昭和二十五年法律第百四十四号）第六条第二項に規定する要保護者（以下「要保護者」という。）に準ずる程度に困窮していると認める者とする。

2　教育委員会は、前項に規定する認定を行うため必要があるときは、社会福祉法（昭和二十六年法律第四十五号）に定める福祉に関する事務所の長及び民生委員法（昭和二十三年法律第百九十八号）に定める民生委員に対して、助言を求めることができる。

（補助の基準）

第十条　法第二十五条第一項の規定による国の補助は、法第二十四条の規定による同条第一号に掲げる者に対する援助に要する経費の額の二分の一について行うものとする。ただし、小学校、中学校及び義務教育学校並びに中等教育学校の前期課程又は特別支援学校の小学部及び中学部の別により、文部科学大臣が毎年度定める児童及び生徒一人一疾病当たりの医療費の平均額に、都道府県に係る場合にあつては次項の規定により文部科学大臣が当該都道府県に配分した児童及び生徒の被患者の延数をそれぞれ乗じて得た額、市町村に係る場合にあつては第三項の規定により都道府県の教育委員会が当該市町村に配分した児童及び生徒の被患者の延数をそれぞれ乗じて得た額の二分の一を限度とする。

2　文部科学大臣は、毎年度、別表イに掲げる算式により算定した小学校、中学校及び義務教育学校並びに中等教育学校の前期課程又は特別支援学校の小学部及び中学部の児童及び生徒の被患者の延数を各都道府県に配分し、その配分した数を各都道府県の教育委員会に通知しなければならない。

3　都道府県の教育委員会は、文部科学省令で定めるところにより、毎年度、文部科学大臣が、別表ロに掲げる算式により算定した小学校、中学校及び義務教育学校並びに中等教育学校の前期課程又は特別支援学校の小学部及び中学部の児童及び生徒の被患者の延数を基準として各都道府県ごとに定めた児童及び生徒の被患者の延数を、各市町村立の小学校、中学校及び義務教育学校並びに中等教育学校の前期課程又は特別支援学校の小学部及び中学部の児童及び生徒のうち教育扶助を受けている者の数を勘案して、各市町村に配分し、その配分した数を文部科学大臣及び各市町村の教育委員会に通知しなければならない。

4　前項の規定により都道府県が処理することとされている事務は、地方自治法（昭和二十二年法律第六十七号）第二条第九項第一号に規定する第一号法定受託事務とする。

（専修学校への準用）

第十一条　第五条から第七条までの規定は、法第三十二条第三項において法第十八条及び第十九条の規定を専修学校に準用する場合について準用する。この場合において、第五条第二号中「法第二十条」とあるのは「法第三十二条第三項において準用する法第二十条」と、第六条第一項中「幼児、児童又は生徒（高等学校（中等教育学校の後期課程及び特別支援学校の高等部を含む。以下同じ。）の生徒を除く。）にあつてはその保護者に、高等学校の生徒又は学生にあつては当該生徒又は学生」とあるのは「生徒」と読み替えるものとする。

◉学校保健安全法施行規則

昭和三十三年文部省令第十八号

学校保健法（昭和三十三年法律第五十六号）第十条、第十四条及び第十六条第五項並びに学校保健法施行令（昭和三十三年政令第百七十四号）第四条第一項、第五条第二項、第六条及び第九条第三項の規定に基き、及び同法の規定を実施するため、学校保健法施行規則を次のように定める。

第一章　環境衛生検査等

（環境衛生検査）

第一条　学校保健安全法（昭和三十三年法律第五十六号。以下「法」という。）第五条の環境衛生検査は、他の法令に基づくもののほか、毎学年定期に、法第六条に規定する学校環境衛生基準に基づき行わなければならない。

2　学校においては、必要があるときは、臨時に、環境衛生検査を行うものとする。

（日常における環境衛生）

第二条　学校においては、前条の環境衛生検査のほか、日常的な点検を行い、環境衛生の維持又は改善を図らなければならない。

第二章　健康診断

第一節　就学時の健康診断

（方法及び技術的基準）

第三条　法第十一条の健康診断の方法及び技術的基準は、次の各号に掲げる検査の項目につき、当該各号に定めるとおりとする。

一　栄養状態は、皮膚の色沢、皮下脂肪の充実、筋骨の発達、貧血の有無等について検査し、栄養不良又は肥満傾向で特に注意を要する者の発見につとめる。

二　脊（せき）柱の疾病及び異常の有無は、形態等について検査し、側わん症等に注意する。

三　胸郭の異常の有無は、形態及び発育について検査する。

四　視力は、国際標準に準拠した視力表を用いて左右各別に裸眼視力を検査し、眼鏡を使用している者については、当該眼鏡を使用している場合の矯（きよう）正視力についても検査する。

五　聴力は、オージオメータを用いて検査し、左右各別に聴力障害の有無を明らかにする。

六　眼の疾病及び異常の有無は、感染性眼疾患その他の外眼部疾患及び眼位の異常等に注意する。

七　耳鼻咽（いん）頭疾患の有無は、耳疾患、鼻・副鼻腔（くう）疾患、口腔（くう）咽喉（いんこう）頭疾患及び音声言語異常等に注意する。

八　皮膚疾患の有無は、感染性皮膚疾患、アレルギー疾患等による皮膚の状態に注意する。

九　歯及び口腔（くう）の疾病及び異常の有無は、齲（う）歯、歯周疾患、不正咬（こう）合その他の疾病及び異常について検査する。

十　その他の疾病及び異常の有無は、知能及び呼吸器、循環器、消化器、神経系等について検査するものとし、知能については適切な検査によつて知的障害の発見につとめ、呼吸器、循環器、消化器、神経系等については臨床医学的検査その他の検査によつて結核疾患、心臓疾患、腎（じん）臓疾患、ヘルニア、言語障害、精神神経症その他の精神障害、骨、関節の異常及び四肢運動障害等の発見につとめる。

（就学時健康診断票）

第四条　学校保健安全法施行令（昭和三十三年政令第百七十四号。以下「令」という。）第四条第一項に規定する就学時健康診断票の様式は、第一号様式とする。

第二節　児童生徒等の健康診断

（時期）

第五条　法第十三条第一項の健康診断は、毎学年、六月三十日までに行うものとする。ただし、疾病その他やむを得ない事由によつて当該期日に健康診断を受けることのできなかつた者に対しては、その事由のなくなつた後すみやかに健康診断を行うものとする。

2　第一項の健康診断における結核の有無の検査において結核発病のおそれがあると診断された者（第六条第三項第四号に該当する

者に限る。）については、おおむね六か月の後に再度結核の有無の検査を行うものとする。

（検査の項目）

第六条　法第十三条第一項の健康診断における検査の項目は、次のとおりとする。

一　身長及び体重

二　栄養状態

三　脊柱及び胸郭の疾病及び異常の有無並びに四肢の状態

四　視力及び聴力

五　眼の疾病及び異常の有無

六　耳鼻咽（いん）頭疾患及び皮膚疾患の有無

七　歯及び口腔（くう）の疾病及び異常の有無

八　結核の有無

九　心臓の疾病及び異常の有無

十　尿

十一　その他の疾病及び異常の有無

2　前項各号に掲げるもののほか、胸囲及び肺活量、背筋力、握力等の機能を、検査の項目に加えることができる。

3　第一項第八号に掲げるものの検査は、次の各号に掲げる学年において行うものとする。

一　小学校（義務教育学校の前期課程及び特別支援学校の小学部を含む。以下この条、第七条第六項及び第十一条において同じ。）の全学年

二　中学校（義務教育学校の後期課程、中等教育学校の前期課程及び特別支援学校の中学部を含む。以下この条、第七条第六項及び第十一条において同じ。）の全学年

三　高等学校（中等教育学校の後期課程及び特別支援学校の高等部を含む。以下この条、第七条第六項及び第十一条において同じ。）及び高等専門学校の第一学年

四　大学の第一学年

4　第一項各号に掲げる検査の項目のうち、小学校の第四学年及び第六学年、中学校及び高等学校の第二学年並びに高等専門学校の第二学年及び第四学年においては第四号に掲げるもののうち聴力を、大学においては第三号、第四号、第七号及び第十号に掲げるものを、それぞれ検査の項目から除くことができる。

（方法及び技術的基準）

第七条　法第十三条第一項の健康診断の方法及び技術的基準については、次項から第九項までに定めるもののほか、第三条の規定（同条第十号中知能に関する部分を除く。）を準用する。この場合において、同条第四号中「検査する。」とあるのは「検査する。ただし、眼鏡を使用している者の裸眼視力の検査はこれを除くことができる。」と読み替えるものとする。

2　前条第一項第一号の身長は、靴下等を脱ぎ、両かかとを密接し、背、臀（でん）部及びかかとを身長計の尺柱に接して直立し、両上肢を体側に垂れ、頭部を正位に保たせて測定する。

3　前条第一項第一号の体重は、衣服を脱ぎ、体重計のはかり台の中央に静止させて測定する。ただし、衣服を着たまま測定したときは、その衣服の重量を控除する。

4　前条第一項第三号の四肢の状態は、四肢の形態及び発育並びに運動器の機能の状態に注意する。

5　前条第一項第八号の結核の有無は、問診、胸部エックス線検査、喀痰（かくたん）検査、聴診、打診その他必要な検査によつて検査するものとし、その技術的基準は、次の各号に定めるとおりとする。

一　前条第三項第一号又は第二号に該当する者に対しては、問診を行うものとする。

二　前条第三項第三号又は第四号に該当する者（結核患者及び結核発病のおそれがあると診断されている者を除く。）に対しては、胸部エックス線検査を行うものとする。

三　第一号の問診を踏まえて学校医その他の担当の医師において必要と認める者であつて、当該者の在学する学校の設置者において必要と認めるものに対しては、胸部エックス線検査、喀痰（かくたん）検査その他の必要な検査を行うものとする。

四　第二号の胸部エックス線検査によつて病変の発見された者及びその疑いのある者、結核患者並びに結核発病のおそれがあると診断されている者に対しては、胸部エックス線検査及び喀痰（かくたん）検査を行い、更に必要に応じ聴診、打診その他必要な検査を行う。

6　前条第一項第九号の心臓の疾病及び異常の有無は、心電図検査その他の臨床医学的検査によつて検査するものとする。ただし、幼稚園（特別支援学校の幼稚部を含む。以下この条及び第十一条において同じ。）の全幼児、小学校の第二学年以上の児童、中学校及び高等学校の第二学年以上の生徒、高等専門学校の第二学年以上の学生並びに大学の全学生については、心電図検査を除くことができる。

7　前条第一項第十号の尿は、尿中の蛋（たん）白、糖等について試験紙法により検査する。ただし、幼稚園においては、糖の検査を除くことができる。

8　身体計測、視力及び聴力の検査、問診、胸部エックス線検査、尿の検査その他の予診的事項に属する検査は、学校医又は学校歯科医による診断の前に実施するものとし、学校医又は学校歯科医は、それらの検査の結果及び第十一条の保健調査を活用して診断に当たるものとする。

（健康診断票）

第八条　学校においては、法第十三条第一項の健康診断を行つたときは、児童生徒等の健康診断票を作成しなければならない。

2　校長は、児童又は生徒が進学した場合においては、その作成に係る当該児童又は生徒の健康診断票を進学先の校長に送付しなければならない。

3　校長は、児童生徒等が転学した場合においては、その作成に係る当該児童生徒等の健康診断票を転学先の校長、保育所の長又は認定こども園の長に送付しなければならない。

4　児童生徒等の健康診断票は、五年間保存しなければならない。ただし、第二項の規定により送付を受けた児童又は生徒の健康診断票は、当該健康診断票に係る児童又は生徒が進学前の学校を卒業した日から五年間とする。

（事後措置）

第九条　学校においては、法第十三条第一項の健康診断を行つたときは、二十一日以内にその結果を幼児、児童又は生徒にあつては当該幼児、児童又は生徒及びその保護者（学校教育法（昭和二十二年法律第二十六号）第十六条に規定する保護者をいう。）に、学生にあつては当該学生に通知するとともに、次の各号に定める基準により、法第十四条の措置をとらなければならない。

一　疾病の予防処置を行うこと。

二　必要な医療を受けるよう指示すること。

三　必要な検査、予防接種等を受けるよう指示すること。

四　療養のため必要な期間学校において学習しないよう指導すること。

五　特別支援学級への編入について指導及び助言を行うこと。

六　学習又は運動・作業の軽減、停止、変更等を行うこと。

七　修学旅行、対外運動競技等への参加を制限すること。

八　机又は腰掛の調整、座席の変更及び学級の編制の適正を図ること。

九　その他発育、健康状態等に応じて適当な保健指導を行うこと。

2　前項の場合において、結核の有無の検査の結果に基づく措置については、当該健康診断に当たつた学校医その他の医師が別表第一に定める生活規正の面及び医療の面の区分を組み合わせて決定する指導区分に基づいて、とるものとする。

（臨時の健康診断）

第十条　法第十三条第二項の健康診断は、次に掲げるような場合で必要があるときに、必要な検査の項目について行うものとする。

一　感染症又は食中毒の発生したとき。

二　風水害等により感染症の発生のおそれのあるとき。

三　夏季における休業日の直前又は直後

四　結核、寄生虫病その他の疾病の有無について検査を行う必要のあるとき。

五　卒業のとき。

（保健調査）

第十一条　法第十三条の健康診断を的確かつ円滑に実施するため、当該健康診断を行うに当たつては、小学校、中学校、高等学校及び高等専門学校においては全学年において、幼稚園及び大学においては必要と認めるときに、あらかじめ児童生徒等の発育、健康状態等に関する調査を行うものとする。

第三節　職員の健康診断

（時期）

第十二条　法第十五条第一項の健康診断の時期については、第五条の規定を準用する。この場合において、同条第一項中「六月三十日までに」とあるのは、「学校の設置者が定める適切な時期に」と読み替えるものとする。

（検査の項目）

第十三条　法第十五条第一項の健康診断における検査の項目は、次のとおりとする。

一　身長、体重及び腹囲
二　視力及び聴力
三　結核の有無
四　血圧
五　尿
六　胃の疾病及び異常の有無
七　貧血検査
八　肝機能検査
九　血中脂質検査
十　血糖検査
十一　心電図検査
十二　その他の疾病及び異常の有無

2　妊娠中の女性職員においては、前項第六号に掲げる検査の項目を除くものとする。

3　第一項各号に掲げる検査の項目のうち、二十歳以上の職員においては第一号の身長を、三十五歳未満の職員及び三十六歳以上四十歳未満の職員、妊娠中の女性職員その他の職員であつて腹囲が内臓脂肪の蓄積を反映していないと診断されたもの、ＢＭＩ（次の算式により算出した値をいう。以下同じ。）が二十未満である職員並びに自ら腹囲を測定し、その値を申告した職員（ＢＭＩが二十二未満である職員に限る。）においては第一号の腹囲を、二十歳未満の職員、二十一歳以上二十五歳未満の職員、二十六歳以上三十歳未満の職員、三十一歳以上三十五歳未満の職員又は三十六歳以上四十歳未満の職員であつて感染症の予防及び感染症の患者に対する医療に関する法律施行令（平成十年政令第四百二十号）第十二条第一項第一号又はじん肺法（昭和三十五年法律第三十号）第八条第一項第一号若しくは第三号に掲げる者に該当しないものにおいては第三号に掲げるものを、四十歳未満の職員においては第六号に掲げるものを、三十五歳未満の職員及び三十六歳以上四十歳未満の職員においては第七号から第十一号に掲げるものを、それぞれ検査の項目から除くことができる。

ＢＭＩ＝体重（kg）／身長（m）^{2}

（方法及び技術的基準）

第十四条　法第十五条第一項の健康診断の方法及び技術的基準については、次項から第九項までに定めるもののほか、第三条（同条第十号中知能に関する部分を除く。）の規定を準用する。

2　前条第一項第二号の聴力は、千ヘルツ及び四千ヘルツの音に係る検査を行う。ただし、四十五歳未満の職員（三十五歳及び四十歳の職員を除く。）においては、医師が適当と認める方法によつて行うことができる。

3　前条第一項第三号の結核の有無は、胸部エックス線検査により検査するものとし、胸部エックス線検査によつて病変の発見された者及びその疑いのある者、結核患者並びに結核発病のおそれがあると診断されている者に対しては、胸部エックス線検査及び喀痰かくたん検査を行い、更に必要に応じ聴診、打診その他必要な検査を行う。

4　前条第一項第四号の血圧は、血圧計を用いて測定するものとする。

5　前条第一項第五号の尿は、尿中の蛋（たん）白及び糖について試験紙法により検査する。
6　前条第一項第六号の胃の疾病及び異常の有無は、胃部エックス線検査その他の医師が適当と認める方法により検査するものとし、癌がんその他の疾病及び異常の発見に努める。
7　前条第一項第七号の貧血検査は、血色素量及び赤血球数の検査を行う。
8　前条第一項第八号の肝機能検査は、血清グルタミックオキサロアセチックトランスアミナーゼ（ＧＯＴ）、血清グルタミックピルビックトランスアミナーゼ（ＧＰＴ）及びガンマーグルタミルトランスペプチダーゼ（γ-ＧＴＰ）の検査を行う。
9　前条第一項第九号の血中脂質検査は、低比重リポ蛋（たん）白コレステロール（ＬＤＬコレステロール）、高比重リポ蛋（たん）白コレステロール（ＨＤＬコレステロール）及び血清トリグリセライドの量の検査を行う。

（健康診断票）

第十五条　学校の設置者は、法第十五条第一項の健康診断を行ったときは、第二号様式によって、職員健康診断票を作成しなければならない。
2　学校の設置者は、当該学校の職員がその管理する学校から他の学校又は幼保連携型認定こども園へ移った場合においては、その作成に係る当該職員の健康診断票を異動後の学校又は幼保連携型認定こども園の設置者へ送付しなければならない。
3　職員健康診断票は、五年間保存しなければならない。

（事後措置）

第十六条　法第十五条第一項の健康診断に当たった医師は、健康に異常があると認めた職員については、検査の結果を総合し、かつ、その職員の職務内容及び勤務の強度を考慮して、別表第二に定める生活規正の面及び医療の面の区分を組み合わせて指導区分を決定するものとする。
2　学校の設置者は、前項の規定により医師が行った指導区分に基づき、次の基準により、法第十六条の措置をとらなければならない。

「Ａ」　休暇又は休職等の方法で療養のため必要な期間勤務させないこと。

「Ｂ」　勤務場所又は職務の変更、休暇による勤務時間の短縮等の方法で勤務を軽減し、かつ、深夜勤務、超過勤務、休日勤務及び宿日直勤務をさせないこと。

「Ｃ」　超過勤務、休日勤務及び宿日直勤務をさせないか又はこれらの勤務を制限すること。

「Ｄ」　勤務に制限を加えないこと。

「１」　必要な医療を受けるよう指示すること。

「２」　必要な検査、予防接種等を受けるよう指示すること。

「３」　医療又は検査等の措置を必要としないこと。


（臨時の健康診断）

第十七条　法第十五条第二項の健康診断については、第十条の規定を準用する。

第三章　感染症の予防

（感染症の種類）

第十八条　学校において予防すべき感染症の種類は、次のとおりとする。

一　第一種　エボラ出血熱、クリミア・コンゴ出血熱、痘そう、南米出血熱、ペスト、マールブルグ病、ラッサ熱、急性灰白髄炎、ジフテリア、重症急性呼吸器症候群（病原体がベータコロナウイルス属ＳＡＲＳコロナウイルスであるものに限る。）、中東呼吸器症候群（病原体がベータコロナウイルス属ＭＥＲＳコロナウイルスであるものに限る。）及び特定鳥インフルエンザ（感染症の予防及び感染症の患者に対する医療に関する法律（平成十年法律第百十四号）第六条第三項第六号に規定する特定鳥インフルエンザをいう。次号及び第十九条第二号イにおいて同じ。）

二　第二種　インフルエンザ（特定鳥インフルエンザを除く。）、百日咳（せき）、麻しん、流行性耳下腺炎、風しん、水痘、咽頭結膜熱、結核及び髄膜炎菌性髄膜炎

三　第三種　コレラ、細菌性赤痢、腸管出血性大腸菌感染症、腸チフス、パラチフス、流行性角結膜炎、急性出血性結膜炎その他の感染症

2　感染症の予防及び感染症の患者に対する医療に関する法律第六条第七項から第九項までに規定する新型インフルエンザ等感染症、指定感染症及び新感染症は、前項の規定にかかわらず、第一種の感染症とみなす。

（出席停止の期間の基準）

第十九条　令第六条第二項の出席停止の期間の基準は、前条の感染症の種類に従い、次のとおりとする。

一　第一種の感染症にかかつた者については、治癒するまで。

二　第二種の感染症（結核及び髄膜炎菌性髄膜炎を除く。）にかかつた者については、次の期間。ただし、病状により学校医その他の医師において感染のおそれがないと認めたときは、この限りでない。

イ　インフルエンザ（特定鳥インフルエンザ及び新型インフルエンザ等感染症を除く。）にあつては、発症した後五日を経過し、かつ、解熱した後二日（幼児にあつては、三日）を経過するまで。

ロ　百日咳せきにあつては、特有の咳（せき）が消失するまで又は五日間の適正な抗菌性物質製剤による治療が終了するまで。

ハ　麻しんにあつては、解熱した後三日を経過するまで。

ニ　流行性耳下腺炎にあつては、耳下腺、顎下腺又は舌下腺の腫脹（ちよう）が発現した後五日を経過し、かつ、全身状態が良好になるまで。

ホ　風しんにあつては、発しんが消失するまで。

ヘ　水痘にあつては、すべての発しんが痂（か）皮化するまで。

ト　咽頭結膜熱にあつては、主要症状が消退した後二日を経過するまで。

三　結核、髄膜炎菌性髄膜炎及び第三種の感染症にかかつた者に

ついては、病状により学校医その他の医師において感染のおそれがないと認めるまで。

四　第一種若しくは第二種の感染症患者のある家に居住する者又はこれらの感染症にかかつている疑いがある者については、予防処置の施行の状況その他の事情により学校医その他の医師において感染のおそれがないと認めるまで。

五　第一種又は第二種の感染症が発生した地域から通学する者については、その発生状況により必要と認めたとき、学校医の意見を聞いて適当と認める期間。

六　第一種又は第二種の感染症の流行地を旅行した者については、その状況により必要と認めたとき、学校医の意見を聞いて適当と認める期間。

（出席停止の報告事項）

第二十条　令第七条の規定による報告は、次の事項を記載した書面をもつてするものとする。

一　学校の名称

二　出席を停止させた理由及び期間

三　出席停止を指示した年月日

四　出席を停止させた児童生徒等の学年別人員数

五　その他参考となる事項

（感染症の予防に関する細目）

第二十一条　校長は、学校内において、感染症にかかつており、又はかかつている疑いがある児童生徒等を発見した場合において、必要と認めるときは、学校医に診断させ、法第十九条の規定による出席停止の指示をするほか、消毒その他適当な処置をするものとする。

2　校長は、学校内に、感染症の病毒に汚染し、又は汚染した疑いがある物件があるときは、消毒その他適当な処置をするものとする。

3　学校においては、その附近において、第一種又は第二種の感染症が発生したときは、その状況により適当な清潔方法を行うものとする。

第四章　学校医、学校歯科医及び学校薬剤師の職務執行の準則

（学校医の職務執行の準則）

第二十二条　学校医の職務執行の準則は、次の各号に掲げるとおりとする。

一　学校保健計画及び学校安全計画の立案に参与すること。

二　学校の環境衛生の維持及び改善に関し、学校薬剤師と協力して、必要な指導及び助言を行うこと。

三　法第八条の健康相談に従事すること。

四　法第九条の保健指導に従事すること。

五　法第十三条の健康診断に従事すること。

六　法第十四条の疾病の予防処置に従事すること。

七　法第二章第四節の感染症の予防に関し必要な指導及び助言を行い、並びに学校における感染症及び食中毒の予防処置に従事

すること。

八　校長の求めにより、救急処置に従事すること。

九　市町村の教育委員会又は学校の設置者の求めにより、法第十一条の健康診断又は法第十五条第一項の健康診断に従事すること。

十　前各号に掲げるもののほか、必要に応じ、学校における保健管理に関する専門的事項に関する指導に従事すること。

2　学校医は、前項の職務に従事したときは、その状況の概要を学校医執務記録簿に記入して校長に提出するものとする。

（学校歯科医の職務執行の準則）

第二十三条　学校歯科医の職務執行の準則は、次の各号に掲げるとおりとする。

一　学校保健計画及び学校安全計画の立案に参与すること。

二　法第八条の健康相談に従事すること。

三　法第九条の保健指導に従事すること。

四　法第十三条の健康診断のうち歯の検査に従事すること。

五　法第十四条の疾病の予防処置のうち齲（う）歯その他の歯疾の予防処置に従事すること。

六　市町村の教育委員会の求めにより、法第十一条の健康診断のうち歯の検査に従事すること。

七　前各号に掲げるもののほか、必要に応じ、学校における保健管理に関する専門的事項に関する指導に従事すること。

2　学校歯科医は、前項の職務に従事したときは、その状況の概要を学校歯科医執務記録簿に記入して校長に提出するものとする。

（学校薬剤師の職務執行の準則）

第二十四条　学校薬剤師の職務執行の準則は、次の各号に掲げるとおりとする。

一　学校保健計画及び学校安全計画の立案に参与すること。

二　第一条の環境衛生検査に従事すること。

三　学校の環境衛生の維持及び改善に関し、必要な指導及び助言を行うこと。

四　法第八条の健康相談に従事すること。

五　法第九条の保健指導に従事すること。

六　学校において使用する医薬品、毒物、劇物並びに保健管理に必要な用具及び材料の管理に関し必要な指導及び助言を行い、及びこれらのものについて必要に応じ試験、検査又は鑑定を行うこと。

七　前各号に掲げるもののほか、必要に応じ、学校における保健管理に関する専門的事項に関する技術及び指導に従事すること。

2　学校薬剤師は、前項の職務に従事したときは、その状況の概要を学校薬剤師執務記録簿に記入して校長に提出するものとする。

第五章　国の補助

（児童生徒数の配分の基礎となる資料の提出）

第二十五条　都道府県の教育委員会は、毎年度、七月一日現在において当該都道府県立の小学校、中学校及び義務教育学校並びに中等教育学校の前期課程又は特別支援学校の小学部及び中学部の児童及び生徒のうち教育扶助（生活保護法（昭和二十五年法律第百四十四号）に規定する教育扶助をいう。以下同じ。）を受けている者の総数を、第三号様式により一月十日までに文部科学大臣に報告しなければならない。

2　市町村の教育委員会は、毎年度、七月一日現在において当該市町村立の小学校、中学校及び義務教育学校並びに中等教育学校の前期課程又は特別支援学校の小学部及び中学部の児童及び生徒のうち教育扶助を受けている者の総数を、第四号様式により十二月二十日までに都道府県の教育委員会に報告しなければならない。

3　都道府県の教育委員会は、前項の規定により市町村の教育委員会から報告を受けたときは、これを第五号様式により一月十日までに文部科学大臣に報告しなければならない。

（児童生徒数の配分方法）

第二十六条　令第十条第三項の規定により都道府県の教育委員会が行う配分は、付録の算式により算定した数を基準として行うものとする。

（配分した児童生徒数の通知）

第二十七条　都道府県の教育委員会は、令第十条第三項及び前条の規定により各市町村ごとの小学校、中学校及び義務教育学校並びに中等教育学校の前期課程又は特別支援学校の小学部及び中学部の児童及び生徒の被患者の延数の配分を行つたときは、文部科学大臣に対しては第六号様式により、各市町村の教育委員会に対しては第七号様式によりすみやかにこれを通知しなければならない。

第六章　安全点検等

（安全点検）

第二十八条　法第二十七条の安全点検は、他の法令に基づくもののほか、毎学期一回以上、児童生徒等が通常使用する施設及び設備の異常の有無について系統的に行わなければならない。

2　学校においては、必要があるときは、臨時に、安全点検を行うものとする。

（日常における環境の安全）

第二十九条　学校においては、前条の安全点検のほか、設備等について日常的な点検を行い、環境の安全の確保を図らなければならない。

第七章　雑則

（専修学校）

第三十条　第一条、第二条、第五条、第六条（同条第三項及び第四項については、大学に関する部分に限る。）、第七条（同条第六項については、大学に関する部分に限る。）、第八条、第九条（同条第一項については、大学に関する部分に限る。）、第十条、第十一条（大学に関する部分に限る。)、第十二条から第二十一条まで、第二十八条及び前条の規定は、専修学校に準用する。この場合において、第五条第一項中「六月三十日までに」とあるのは「当該学年の始期から起算して三月以内に」と、第七条第八項中「学校医又は学校歯科医」とあるのは「医師」と、第九条第二項中「学校医その他の医師」とあるのは「医師」と、第十二条中「第五条」とあるのは「第三十条において準用する第五条」と、第十九条第二号、第三号及び第四号中「学校医その他の医師」とあるのは「医師」と、第十九条第五号及び第六号並びに第二十一条第一項中「学校医」とあるのは「医師」とそれぞれ読み替えるものとする。

2　第二十二条の規定は、専修学校の医師の職務執行の準則について準用する。

た

な

は

ま

や

ら

索引

（n＝脚注を示す）

著者

菅原哲朗
Tetsuro Sugawara

一九四八年東京生まれ。弁護士、キーストーン法律事務所代表。第二東京弁護士会スポーツ法政策研究会代表幹事、日本スポーツ法学会元会長、公益財団法人日本スポーツ協会国民体育大会委員、独立行政法人日本スポーツ振興センター国立スポーツ科学センター倫理審査委員、公益社団法人日本グラウンド・ゴルフ協会副会長。

主な著書『少年スポーツ指導者の法律相談』(大修館書店、一九九二年)、『スポーツ法危機管理学』(エイデル研究所、二〇〇五年)、『スポーツにおける真の勝利――暴力に頼らない指導』(編著、エイデル研究所、二〇一三年)他。

入澤 充
Mitsuru Irisawa

一九五一年群馬生まれ。東京女子体育大学講師、群馬大学大学院教授を経て二〇一二年より国士舘大学法学部、同大学院法学研究科教授。

主な著書『増補版 学校事故 知っておきたい! 養護教諭の対応と法的責任』(時潮社、二〇一一年)、菅原哲朗・望月浩一郎編『スポーツにおける真の指導力――部活動にスポーツ基本法を活かす』(共著、エイデル研究所、二〇一四年)、日本スポーツ法学会監修『標準テキスト スポーツ法学』(共著、エイデル研究所、二〇一六年)他。

養護教諭の職務と法的責任

判例から学ぶ法リスクマネジメント

二〇一八年五月三〇日　初版第一刷発行

著者©　菅原哲朗・入澤 充
発行者　鬼海高一
発行所　道和書院
〒一七一-〇〇四二　東京都豊島区高松二-八-六
電話 〇三-三九五五-五一七五　ＦＡＸ 〇三-三九五五-五一〇二
http://www.douwashoin.com/

編集　片桐文子
デザイン　高木達樹
印刷・製本　大盛印刷株式会社

ISBN978-4-8105-2134-4 C3037
定価はカバー等に表示してあります